青春期，父母说给男孩的心里话

胜 林 编著

中国纺织出版社有限公司

内 容 提 要

青春期的到来，预示着男孩从无忧无虑的人生状态进入崭新的人生阶段。在这个阶段，男孩的身体和心理都会发生巨大的变化。面对各种各样的烦恼，男孩可能会感到手足无措。这时就需要父母给予他们及时的关怀和沟通，让男孩能够客观地了解自己，顺利地走过青春期的坎坷。

本书是父母送给青春期男孩的一份礼物，当男孩对自己的身体和心理变化感到焦虑的时候，不妨看看此书。书中精心挑选了现实的案例，鲜活深入地展现了青春期男孩的生活，并且把父母的谆谆教诲用孩子易于接受的方式来表达，从而解开男孩的困惑，让父母陪伴男孩一起读懂青春，共同成长。

图书在版编目（CIP）数据

青春期，父母说给男孩的心里话 / 胜林编著 .-- 北京：中国纺织出版社有限公司，2024.3
ISBN 978-7-5229-1486-2

Ⅰ.①青… Ⅱ.①胜… Ⅲ.①男性—青春期—家庭教育 Ⅳ.①G479

中国国家版本馆CIP数据核字（2024）第043787号

责任编辑：邢雅鑫　　责任校对：高　涵　　责任印制：储志伟

中国纺织出版社有限公司出版发行
地址：北京市朝阳区百子湾东里A407号楼　邮政编码：100124
销售电话：010—67004422　传真：010—87155801
http://www.c-textilep.com
中国纺织出版社天猫旗舰店
官方微博 http://weibo.com/2119887771
鸿博睿特（天津）印刷科技有限公司印刷　各地新华书店经销
2024年3月第1版第1次印刷
开本：710×1000　1/16　印张：12
字数：142千字　定价：49.80元

凡购本书，如有缺页、倒页、脱页，由本社图书营销中心调换

前言
PREFACE

青春期是男孩成长的必经之路，这一路会有青春的飞扬和悸动，也会有焦虑和惆怅，会有学业的压力，也会有交际的困惑。

青春期是个体由儿童向成年过渡的时期，每个成熟的男性都要经过青春期这个阶段，青春期会出现很多令男孩们头疼的问题：身体的快速发育，可能会让你有外貌焦虑；情感的萌芽勃发，会使你对异性更加敏感；你的学业开始增多，学习压力也会持续地增强；在校园生活中，你要与同学和睦相处，也要与老师相亲相爱，你可能会感觉到人际关系面临着很大的挑战。但是，请别担心，其中的很多问题，尤其是身体上的不完美，只是青春期独有的问题，随着年龄的增长和身体的发育成熟，都会逐渐消失。

男孩，从青春期到来开始，你就已经开始成长为一个男子汉了。进入这个黄金时期，身体的成熟必然会给你带来许多心理问题和困扰，这是正常的。如果你开始对性知识感兴趣，对异性产生好感，或者有了性欲望、性冲动、性幻想和自慰行为等，别害怕，这些都是你在青春期必须面对的事实，无须回避，正视它即可。

在青春期，男孩的心理也开始成长，你开始意识到自己不再是孩子，希望自己能像成年人一样受到尊重，做事喜欢自作主张；你渴望独立，对父母和老师之言不再"唯命是从"……

很多父母为孩子的青春期操碎了心，一方面，处于青春期的男孩面临成长中的烦恼，需要有个倾诉的对象，但孩子似乎并不愿意对自己吐露心声；另一方面，在这个成长中的特殊时期，不少男孩一不小心就可能会走上错误的人生道路……父母很希望有一个途径能够教会男孩如何正确对待青春期，引导男孩健康快乐度过青春期。

  这本书既是父母对孩子的温柔教诲，也是给男孩最好的青春期课程，书中以十几岁男孩的成长经历为案例，对青春期男孩遇到的各种困惑予以解答，并且对他们这一阶段的人生观、价值观予以正确的引导，帮助男孩用一种积极健康的心态面对青春期遇到的各种问题。希望每一个男孩都能够在这个纷繁复杂的社会从容愉快地成长，成为自己最终想要成为的人。

编著者
2023年11月

目录
CONTENTS

第一篇 懵懂青春初绽放，身体变化别担忧

第01章
别害怕，
隐私地带出现这些变化很正常
▶ 003

- 你的生殖器官是不是发生了变化　004
- 私密地带发炎发痒了怎么处理　008
- 你需要知道一些关于睾丸的知识　012
- 男孩都该知道的关于包皮过长的事　014

第02章
关于私密的问题，
不要害怕去了解
▶ 019

- 私密处的卫生一定要注意　020
- 私密处很脆弱，保护好别受伤　023
- 晨勃是正常的生理现象　027

第03章
青春期到来了，你的身体发育了
▶ 031

现在的声音怎么哑哑的　032
身上的臭味是从哪来的　036
你变成"毛孩子"了吗　039
男孩的胸也会长大吗　042

第二篇　青春伊始心悸动，情事困扰别心焦

第04章
避开阴霾，男孩要在阳光下成长
▶ 047

重视毒品的危害性　048
烟酒会影响神经和心智的发育　051
"黄毒"会让你的青春失去颜色　054
识别危险和禁区，男孩也要保护自己　057

第05章
该怎么应对成长中的烦恼
▶ 061

上课的时候无法集中精神怎么办　062
沉迷网络怎么办　065
什么样的男孩更招女孩喜欢呢　069
你是个很"爱面子"的男孩吗　072

第06章

无须焦虑，
喜欢女孩很正常

▶ 075

你会一看到女孩就紧张吗　076
收到了情书该怎么处理　080
该怎样与异性相处　084
该向喜欢的女孩表白吗　088

第三篇　好男儿积极阳光，美好青春要与快乐同行

第07章

别拒绝与大人沟通，
理解长辈的唠叨与关怀

▶ 095

和老师也可以成为朋友　096
"唠叨"是烦人还是关心　099
为什么会对某位老师产生讨厌的情绪　102
有代沟才需要沟通　105

第08章

积极参与社交活动，
做一个受欢迎的少年

▶ 109

打造口碑，做同学们都愿意信任的人　110
从小就要懂得"礼"多人不怪　113
和陌生人交流是锻炼胆量的好机会　116
勇敢参加各种有意义的活动　119

第09章
打造健康体魄，好男儿要身体强壮
▶ 123

生活作息规律，不熬夜　124
坚持运动，身体健康有活力　127
多吃有营养的食物　130
了解并学会预防青春期常见病　133

第四篇　好男孩顶天立地，学习好也要品格佳

第10章
努力学习，不荒废青春的每一寸时光
▶ 139

把压力化作动力，别放弃努力　140
学习从来都是自己的事　143
保持平常心，考试不焦虑　146
每个人都要找到最适合自己的学习方法　149

第11章
确立人生志向，男儿奋斗从年少开始
▶ 153

初步参与一些社会活动　154
打暑期工是对男孩很好的锻炼　157
做一个身心都足够独立的男孩　160
找到好的人生榜样　163

第12章

真正的男子汉,
内心坚韧、行事果断

▶ 167

学会制订计划,凡事按计划行事　168
做坚强的男孩,不被情绪左右　171
行事果断,犹疑不决会让你错失良机　174
虚心使人进步,虚荣让人堕落　177

参考文献　180

第一篇

懵懂青春初绽放，身体变化别担忧

青春期一直被认为是一个"混乱"时期，这一时期，在生长激素的影响下，身体将会发生许多变化，而其中最明显的改变就是男孩体型成长突然增快和第二性征的发育。作为一个处于青春期的男孩，应该了解自己的身体，以便更顺利地度过这个青涩的阶段。

第 01 章
别害怕，隐私地带出现这些变化很正常

随着青春期的到来，自己的身体将会发生各种变化，它好像在拼命地暗示什么，这对每一个处于青春期的男孩来说，心情都会既惶恐，又惊喜：惶恐的是自己不知道该如何面对这些突如其来的生理变化；惊喜的是自己即将成为一个真正的男子汉了。在这一时期，男孩的私密地带也将发生明显的变化。孩子，请不要害羞，随着爸爸妈妈一起来了解你的私密地带吧。

你的生殖器官是不是发生了变化

 青春期男孩的困惑：什么是阴囊？什么是阴茎？

最近，楠楠发现自己下身发生了一些变化，这不得不让他开始注意起那块原本已经忽略掉的地方。偶尔，他也会拿着"小弟弟"自言自语："你真的是我的弟弟吗？那你叫什么名字呢？"而生物课还没上到这里，自己对下身的构造好像一无所知，这让楠楠很是困惑，可这样私密的话题又不好问爸妈，只好一个人闷在心里。

这天，楠楠跟着班里年龄较大的小柯一起进了厕所，两个孩子排成一排，一起"嘘嘘"，楠楠有点儿不好意思地问小柯："你有没有觉得'小弟弟'在慢慢长大啊？"说完，楠楠的脸色涨得通红。小柯笑着回答说："是啊，它是我们身体的一部分，肯定会跟着咱们身体一起成长的，这有什么大惊小怪的。"楠楠的脸涨红了，小柯继续说："你知道什么是睾丸，什么是阴茎，什么是阴囊吗？"楠楠茫然地摇了摇头。

回到教室，楠楠呆坐在座位上，脑海里还在想刚才小柯说的话。这时，小柯神秘地走了过来，手中还拿着一本书，来到楠楠旁边轻声说："其实，关于你身体的秘密，全部都写在生物书里了，你自己看看吧。看完你就都明白了。"楠楠有些不相信："真的？"小柯一副无所不知的样子，说："当然了，我有必要骗你吗？不信，你自己去看吧。"等小柯走了，楠楠开始翻箱倒柜地找出了生物书，迫不及待地翻开，认真地看了起来。

💬 爸妈送给楠楠的话

孩子,你现在已经步入青春期了,或多或少都会对自己的生理构造有一点兴趣。但是,你所知道的不过就是"小弟弟"的称呼,关于其他很多专业的术语,你也并不熟悉。你时常在关注着"小弟弟"的变化,却不明白其中的原因。有时候,你们会听到一些既陌生又新鲜的词语,如睾丸、阴茎。这些陌生的词语是自己从来没听过的,但模模糊糊又感觉这与自己的身体结构有关。那么,这到底是怎么回事呢?在这里,爸妈将以专业的术语为你解释关于你的身体构造。你们即将步入成年,应该熟悉自己的身体,这样才会使你更好地发育,也能够解开你青春期心理上的疑惑。

💬 你需要了解的知识点

孩子,在这里我们所需要详细描述的是你的生殖器官,这里是产生生殖细胞、繁衍后代、分泌性激素维持副性征的器官。男性生殖器官分为内生殖器和外生殖器,其中,内生殖器包括睾丸、附睾、输精管、射精管、前列腺、精囊腺和尿道球腺;外生殖器为阴茎和阴囊。下面,我们就为你简单说明一下。

1.睾丸

睾丸是男性生殖腺,也是产生雄性生殖细胞的器官,还是产生雄性激素的主要内分泌腺。

2.附睾

附睾外形细长呈扁平状,又似半月形,左右各一,约长5cm,附于睾丸的后侧面。附睾是由附睾管在睾丸的后缘盘曲而成,小管之间有纤细的纤维组织和蜂窝组织,分头、体、尾三部分。附睾有储存和排放精子、促使精子成熟和分泌液体供给精子营养的作用。

3.精索、输精管及射精管

精索是从睾丸上端至腹股沟管腹环之间的圆索状物。精索内包含有输精管、动脉、静脉、神经及蜂窝组织。精索是睾丸、附睾及输精管血液、淋巴液循环通路,也是保证睾丸的生精功能及输送成熟精子的主要路径。

输精管是精索内的主要结构之一,起于附睾尾部,经腹股沟管入骨盆腔。

射精管是输精管壶腹与精囊管会合之后的延续。

4.精囊腺、前列腺和尿道球腺、尿道

精囊腺为一对扁平长囊状腺体,左右各一,表面凹凸不平呈结节状。精囊为屈曲状的腺囊,其分泌液主要为精浆液,占精液的70%左右,对精子的存活有重要作用。

前列腺为一个栗子状的腺体,有中间凹陷沟,左右两侧隆起。前列腺能分泌前列腺液,主要为精浆液,含有多种微量元素及多种酶类。

尿道球腺左右各一,位于尿生殖膈上下筋膜之间的会阴深囊内,开口于球部尿道近端。可分泌少量液体,为精浆液的成分之一。

男性尿道既有排尿功能,又有排精的功能。精液由精子和精囊腺、前列腺分泌的液体组成,呈乳白色。

5.阴茎

阴茎未勃起时呈圆柱状,长7~9cm。勃起时呈柱状,长度增加一倍以上,主要功能是完成性交。阴茎外面包有皮肤,包盖着阴茎头,称为阴茎包皮。阴茎海绵体内的特殊结构是阴茎完成勃起功能的重要组织结构,而阴茎勃起又是完成性交的先决条件。

6.阴囊

阴囊为一皮肤囊袋,位于阴茎的后下方。阴囊的皮肤薄而柔软,有少量阴毛,色素沉着明显。阴囊壁由皮肤和肉膜组成。肉膜含有平滑肌纤维。平滑肌随外界温度呈反射性地舒缩,以调节阴囊内的温度,有利于精子的发育。

私密地带发炎发痒了怎么处理

 青春期男孩的困惑:"小弟弟"生病了该怎么办呢?

最近这些天,楠楠总喜欢在睡觉之前摸一摸"小弟弟",每天都在观察它有没有长大,甚至连它的颜色都要仔细观察。楠楠似乎觉得它的成长就是自己的成长,有一天它长大了,那就证明自己是真正的男子汉了。

可从前天开始,楠楠就感觉到大腿两侧比较痒,有时候还会发现"小弟弟"以及阴囊都是潮湿的,莫名地还有一股怪味。刚发现这个情况的时候,楠楠还显得很兴奋,以为这是正常的发育现象。可是后来,他发现越来越痒了,有时候连在上课的时候都忍不住想去抓一下,但是看着同桌的娜娜,他又强忍住了。而且,有时候正当楠楠认真上课的时候,娜娜会轻声对楠楠说:"你闻见没有?哪里来的怪味?是不是有人放屁了?"楠楠一闻,原来是自己身上散发出来的怪味,他感觉很不好意思,但还是装作不知道:"嗯,不知道,也不知道是谁啊,上课的时候就放屁,真是讨厌。"说完,还装模作样地挥了挥手,捂住自己的鼻子。

楠楠感觉到是哪里出问题了,在下课之后,他悄悄地喊住小柯同学,细声问道:"我的'小弟弟'和阴囊都很潮湿,还有一股怪味,你说这是什么原因啊?"小柯看了看楠楠,发现他穿着比较宽松的运动裤,他就问楠楠:"你是不是经常用手去摸它啊?"楠楠不好意思地点点头,小柯脸色变得严肃起来:"这样的话,估计是生病了,阴部发炎了。""啊?"楠楠张大了嘴，引来其他同学的侧目，他连忙悄悄问："小柯，那我该怎么办？"小柯同学摊了摊双手说："我也不知道呢，我从来没有遇到过，只是听说过。你去医务室问问吧。"楠楠低下了头，心里想着：这事该怎么跟医生开口呢？

💬 爸妈送给楠楠的话

孩子，当你步入青春期之后，你的"小弟弟"每一天都在发生着变化，它正处于发育期，因而是异常敏感的，一不小心，它就容易生病、发炎，甚至下身会散发出阵阵怪味。或许，面对这样的情况你很害怕，不知道这是怎么回事，也不知道该如何应对这种情况。其实，"小弟弟"发炎是你的触摸，或者不讲卫生，或者你所穿的裤子太紧所造成的。如果你真的发现自己下身发炎了，也不要太担心，随时可以咨询爸爸妈妈或者医生，我们将帮助你走出困惑，重归健康。

💬 你需要了解的知识点

青春期的男孩，你的私密地带正处于发育期，所以需要好好保护，多注意平时的卫生，所谓"防患于未然"，只有做好了私密地带的清洁，才能够使你健康地成长。下面，我们就告诉你一些卫生的知识。

1.炎症是怎么发生的

为什么会出现炎症呢？这主要是因为男孩的外生殖器在青春期迅速发育，这个时期由于外界刺激等原因，小腺体会产生一些分泌物，容易引起炎症。包皮过长的男孩尤其要注意卫生，每天睡前要清洗外生殖器，要用专门的毛巾、盆等，平时内裤要全棉质地、宽松舒适。

至于青春期男孩阴部潮湿的问题，不必担忧，这是大多数人都会有的现象。阴部汗腺分泌旺盛，加之阴部通风散热不良，如果你不注意卫生，就会有一股怪味，臭臭的。你应该每天清洗下身，尽量少用手揉"小弟弟"。特别是运动后，出了很多汗，马上要去擦洗干净，这样就可以缓解炎症。

2.注意阴茎的卫生

阴茎是男性性交器官，尿道从阴茎内穿过，兼为排尿和排精的通道。阴茎的包皮内面和阴茎头交接处的小皮脂腺不断地分泌淡黄色的油性物质，会与少量的尿液和皮肤产生的污垢混合成乳酪状的包皮垢。包皮垢如果长期附着在阴茎头表面或聚集在冠状沟内，很容易为细菌繁殖提供机会。

所以，青春期男孩，尤其是包皮过长的男孩，应养成将包皮上翻冲洗下身的习惯。

除了经常对阴部进行清洁外，还应该注意经常换洗衬裤、内裤，衬裤、内裤最好是选用透气性强的棉织品。衬裤、内裤应该略微宽松一些，如果过紧，长期将睾丸紧贴身体，容易影响睾丸的生精功能，影响日后的生育能力。

3.青春期也需要警惕"前列腺炎"

许多人认为前列腺炎只是成年男性易患疾病，其实青春期男孩也可能患前列腺疾病。这是因为在10岁前，男孩的前列腺没有完全发育，没有形成腺管，感染的可能性较少，前列腺一般不会生病；而10岁后，腺管已逐渐形成。

因此，在10岁以后的这一时期，需要警惕前列腺发炎，尤其要注意以下四个方面：早熟，有的男孩因性兴奋而大量分泌前列腺液，但却没有得到正常释放，这就会导致前列腺液在腺管内淤积拥塞，易造成前列腺肿胀、发炎；你身体的其他部位也容易被细菌感染，造成脓疱病等疾病；憋尿，有些男孩长时间憋尿，有的是因为课间休息太短而来不及去厕所，有的是因为在冬天怕冷不去厕所，有的则是看电影、电视，顾不上排尿，这样长时间憋尿可能会引发前列腺炎；包皮过长，包皮垢易引发包皮龟头炎、尿道炎等，而细菌会从尿道逆行感染，侵入前列腺，引发前列腺炎。

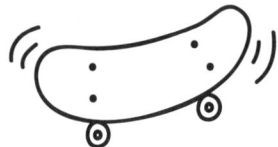

青春期，父母说给男孩的心里话

你需要知道一些关于睾丸的知识

 青春期男孩的困惑：睾丸有什么作用？

在小柯同学的推荐下，楠楠一口气看完了关于男性生殖器官的介绍。虽然其中的许多专业术语很难记住，但是楠楠对于自己身体的构造算是清楚明白了。楠楠按捺不住兴奋，没想到看几页书就明白了这么多知识，得意的他很想在男同学面前炫耀一番。

下课了，楠楠跟着班里的同学一起去了洗手间，楠楠假装无意地问道："哎，你们知道'小弟弟'叫什么名字吗？知道咱们男性生殖器官是什么样的吗？"一听这个问题，班里男生都开始议论起来："这些知识生物老师还没讲呢，我怎么知道？""就是，我管它叫什么名字，只要它还在我身上就万事大吉。""那你知道吗？"有人反问了一句，楠楠得意起来，回答说："我当然知道了，男性生殖器官包括外生殖器官和内生殖器官，男性内生殖器包括睾丸、附睾、输精管、射精管、前列腺、精囊腺和尿道球腺，内生殖器官分为阴茎和阴囊。""哇……"班里的男同学发出了赞叹声，楠楠越加得意了。

这时，小柯走了进来，他毫不在意地说："楠楠都是在生物书上看的，他只是背了下来，这没什么了不起的。"楠楠有些不服气："那我也算知道啊。"小柯笑着说："你知道？那你知道睾丸的结构和作用吗？那两个'蛋蛋'里装了什么，你知道吗？"楠楠一下子被问住了，他吞吞吐吐地说："这我还真不知道，我还没看到这部分的知识。"小柯摆了摆手："那你继续回去看呗，把这些问题弄清楚了，你才能明白究竟是怎么回事。"

💬 爸妈送给楠楠的话

孩子，通过阅读生物书，我想你已经知道了，睾丸是男性生殖器官的一部分，但你却不明白睾丸的具体结构是什么样的，也不知道睾丸里装的是什么东西。而关于这些私密的问题，你又不好意思直接问爸妈。在这里，爸妈就给你详细地说一说睾丸的结构，以便你更清楚地了解男性生殖器官的每一个部分。

💬 你需要了解的知识点

睾丸会随着年龄而成长或衰老，青春期睾丸随着性成熟而生长，老年人的睾丸则随性机能的衰退而萎缩变小。睾丸分内外两侧面，前后两缘及上下两端：内侧面比较平坦，与阴囊膈相贴附；外侧面隆突，与阴囊外侧壁相贴附；前缘游离而隆突；后缘较平直，又称睾丸系膜缘，与附睾及精索下部相接触。

睾丸位于阴囊内，左右各一，为男性生殖腺，能产生精子及分泌雄性激素。睾丸的外形呈稍扁的卵圆形，表面光滑。可分内、外侧面，前、后缘和上、下端。前缘游离，后缘有血管、神经和淋巴管出入，与附睾和输精管的起始段相接触。睾丸是实质性器官，它的表面由睾丸被膜包裹。睾丸被膜包括鞘膜脏层、白膜和血管膜三部分。

睾丸是男性内生殖器官的一部分，正常的男性有两个睾丸，它们分别位于阴囊的左右侧。睾丸整体形状是呈卵圆形，灰白色。

睾丸的主要作用有以下几方面：在胚胎期，促使男性生殖系的分化和发育。在青春期后，是作为男性第二性征而出现的，用于维持正常的性欲以及性的强度；调节精子产生的过程，促进精子发生；促进体内蛋白质合成，保留无机盐。

青春期,父母说给男孩的心里话

男孩都该知道的关于包皮过长的事

💬 **青春期男孩的困惑:什么是包皮环切手术?**

晚上回到家,就听到妈妈说:"楠楠,赶快将你的屋子收拾一下,明天你小表弟要来咱们家,他跟你一起睡。"楠楠一听说小表弟要来,很高兴地问:"真的?他来住多久啊?"妈妈一边拖地,一边回答说:"住十多天吧,这次来是有事,事情办完了就回去。"楠楠有些奇怪地问:"他一个十多岁的孩子能有什么事情啊?"妈妈笑着说:"他跟你舅舅一起来的,什么事情到时候你就知道了,妈妈不方便跟你说。"什么事情不方便说啊,楠楠心中有了疑惑,但还是满心期待地收拾房间,等待着小表弟的到来。

第二天等楠楠回到家的时候,舅舅和小表弟已经坐在客厅里了,楠楠拉着表弟就进了自己的房间,两人开始玩起来。楠楠一边摆弄着玩具,一边问小表弟:"你和舅舅来城里到底是办什么事情啊?"小表弟说:"爸爸说,我的'小弟弟'那里有点儿问题,需要看一下医生。""啊?什么问题啊?"小表弟说,他的阴茎全部被包皮给裹住了,好像他的包皮真不是一般的长。难道这就是他们所说的"病"?楠楠觉得很奇怪,但又不知道该怎么开口问爸爸。

晚上,等舅舅和小表弟都睡了,楠楠趁着到客厅喝水的时候,轻声问爸爸:"爸爸,小表弟来城里看什么病啊?"爸爸愣了一下,但还是慢慢说:"明天我们带着他去医院做一个小手术——包皮环切手术。""包皮环切手术?那是一个什么手术啊?"楠楠不解地问。爸爸示意楠楠坐下来,然后详细解释："你小表弟的包皮过长，这样会形成包皮垢，很不卫生，也容易发炎生病。包皮环切手术就是将阴茎上面的多余包皮进行切除，使阴茎头外露出来，这是治疗包皮过长、包茎以及防止其并发症的有效方法。"听了爸爸的话，楠楠明白了一些，但还是有些疑问，他向爸爸问道："那你的意思是说，包皮过长、包茎是一种病吗？"爸爸解释说："说不上是一种病，但这样会影响自己下身的卫生，若不做这个手术，会引发一些并发症。""哦……"听了爸爸的话，楠楠总算是明白了。

爸妈送给楠楠的话

有的男孩步入了青春期，会出现包皮过长以及包茎的情况，这其实是一种生理现象。楠楠的小表弟由于自己包皮过长，就去医院做了手术，这实际上就是对包皮过长、包茎的治疗。那么，什么是包皮过长以及包茎呢？它们有哪些危害呢？该如何来面对这一情况呢？

你需要了解的知识点

男性进入青春期，阴茎上的包皮自然向后退缩，阴茎头（也称龟头）外露，是正常现象。但是，不少男孩却出现了包皮过长的问题，有的甚至包裹住了阴茎头，那就是一种疾病了。

1.什么是包皮过长、包茎

男孩到了青春期后，如果包皮仍然紧包住龟头，或者包皮和龟头粘连，龟头不能外露，就不正常了，这就称为包茎；如果包皮包住阴茎口，但能向上翻起，露出龟头，这就称之为包皮过长。

而且，由包皮过长可以引出另一个词语，那就是包皮垢。那么，包皮垢是如何形成的呢？

包皮是包在阴茎头外面的一层皮肤，翻转包皮，可见龟头后面呈环状缩小的部位，叫作冠结构。在冠状沟附近的皮肤里有许多皮脂腺，会分泌一种具有臭味的分泌物，呈黄白色泥状，称为"包皮垢"。

2.包皮过长、包茎给身体带来的危害

有的人认为包皮过长、包茎根本不算什么病，甚至很多人并没有把它当作病。实际上，包皮过长、包茎对身体的危害极大，具体表现在以下几个方面：

（1）藏污纳垢，易引发泌尿生殖炎症

包皮内有丰富的皮脂腺，会产生大量的分泌物，过长的包皮会使分泌物不能排出而堆积成垢、寄生很多致病菌。病菌在尿道繁殖可造成尿路感染，从而引发包皮炎、龟头炎、尿道炎，还可增加生殖器疣病、疱疹等性疾病的发病概率和感染概率。

（2）妨碍阴茎发育

在青春期由于阴茎头被包皮紧紧包住，没有得到来自外界的刺激，阴茎头的发育就会受到很大的束缚。成年人会因为包皮过长或包茎影响正常的性生活。特别是包皮口径过小的男人，包皮上翻不能复原，包皮紧紧卡在冠状沟处，成嵌顿包皮，会使人痛苦不堪。

（3）损害肾功能，诱发癌症

炎症等引起尿道口或前尿道狭窄影响尿液代谢，包皮内病菌上行感染肾脏，长期将会损害到肾脏的功能。研究表明，包皮垢是导致男性阴茎癌的因素之一。据调查，大部分阴茎癌患者，都存在包茎或包皮过长。

（4）导致阳痿早泄、男性不育等疾病

由于龟头黏膜平常受到的刺激少，龟头黏膜的神经过于敏感，性生活时龟头和阴道摩擦一触即泄，或产生性交痛。还可能因早泄、炎症、阳痿、不射精等降低精子活动力，使精液黏度不够，造成不育。

（5）危害女性生殖健康及疾病康复

其实，包皮过长、包茎不仅会危害到男性自己的健康，还会伤害到另一半。男性的包皮垢是女性子宫颈癌的重要原因。包皮垢中包含各类细菌，性生活中带入女方阴道后致使患妇科病，且反复感染久治不愈，刺激子宫，诱发子宫颈癌。

3.如果你有了包皮过长、包茎的现象，该怎么办

虽然包茎和包皮过长有很大的害处，但也并不可怕。解决的办法有两点：一是养成讲卫生的良好习惯，经常把包皮翻过来，用干净的温水进行清洗，及时除净包皮垢，洗干净后要及时将上翻的包皮推下，以免形成嵌顿包茎；二是进行手术治疗，包皮过长并经常发炎者或包茎者，应该尽早请医生检查，最好进行包皮环切手术。

第02章
关于私密的问题,不要害怕去了解

　　进入青春期,孩子的身体每天都会有新的变化,那是因为身体的每个部分都在发育、成长。而与此同时,作为青春期的男孩,应该打好一场青春保卫战,在青春期这个身体发育最迅速的时期,保护好自己的身体,以健康的身心顺利度过青涩的青春期。

私密处的卫生一定要注意

💬 **青春期男孩的困惑:"小弟弟"也需要讲卫生?**

夏天的时候,楠楠天天冲澡,"小弟弟"也很干净。每每到了冬天,楠楠怕冷,有时候四五天才洗一次澡,这样一来,"小弟弟"也不那么干净,经常是等到洗澡的时候,楠楠都可以闻到"小弟弟"发出的异味了。有时候,楠楠也没在意,觉得"小弟弟"脏了,只要洗干净就行了。

有一次,楠楠与班里的男生聊天。聊着聊着,竟聊到了私密处卫生这个话题。年纪最小的小胖笑着说:"看看我们身上的这小家伙,几天不搭理它,它也没什么事。"大家都笑了起来,在一旁看书的小柯严肃地说道:"你们都错了,男孩一样也要讲卫生,尤其是私密处的卫生,有条件的话,每天都要用水洗干净,否则它就会生病的。""啊?是这样吗?"楠楠呆住了,自己平时可没注意卫生。

晚上回到家,吃了饭写了作业,楠楠打算洗把脸就睡觉。突然之间想到了白天小柯说的话,他钻进了卫生间,用水细心地洗着好几天没搭理的"小弟弟"。他专心地洗着,竟忘记了关门,爸爸尿急闯了进来,楠楠有些脸红:"爸爸,你干什么呢?进来也不敲门。"爸爸笑着回答说:"你压根就没锁门,我敲什么啊?"爸爸看了看楠楠,笑道:"学了不少东西吧,我最近还正想跟你说这事儿呢,我看你平时穿得干干净净的,却不太注意身体私密处的卫生,这样会容易导致'小弟弟'发炎的。你需要注意,每天晚上都要用温水洗干净,这样才能保护你私密处的健康。"楠楠低着头:"嗯,我知道了,以后每天晚上我都会给'小弟弟'洗个澡才睡觉,它健康了,我才健康嘛。"

💬 爸妈送给楠楠的话

孩子,你正处于青春期,爸妈注意到你很在意自己外在形象的整洁与美观,每天要求妈妈给你换洗衣服,这样你才能在同学们面前展现自己最好的形象。但是,爸妈还注意到一个问题:你对自己的外在形象太在意,却忽略了对身体私密处的清洁。可能,你经常是打篮球之后浑身沾满了汗水,却没有及时洗澡;可能,你四五天不洗澡,直到身体私密处发出异味,才开始注意到"小弟弟"的卫生。在这里,爸妈需要告诉你的是:一定要注意私密处的卫生,因为它正处于发育期,很敏感、也很脆弱,一旦感染了细菌就会生病,进而造成身体的不适。步入青春期的你,应该开始注意打理自己的身体卫生,其中最重要的就是自己身体私密处的卫生。

💬 你需要了解的知识点

男孩进入青春期后,阴茎龟头就会有分泌物产生,如不及时清除就会自然干燥,形成包皮垢,很容易引起炎症。

有极个别的男孩因长时期不认真清洗阴茎包皮,造成龟头炎、包皮粘连等病症,给自己带来了不必要的痛苦,甚至会给以后的生活带来麻烦。因此,男孩应该养成每天用干净温水清洗外阴的良好习惯,其方法很简单,只要将包皮向后拉,用温水清洗后用毛巾擦净即可。

阴囊、阴茎皮肤皱褶多汗腺多、分泌能力强,如果你在每次小便之后不用水清洗,或者长时间不清洗阴部,就会造成大量汗液、污垢、残留的尿液、精液等污染阴茎、阴囊和会阴部,在这样的环境下,更容易滋生大量细菌,进而引发龟头炎、尿道炎、包皮炎和阴囊湿疹等疾病。所以，当你在注意自己外表是否整洁的时候，也需要时刻关注"小弟弟"是否干净，让它远离疾病和细菌的侵扰，这样才能促进你健康地发育。

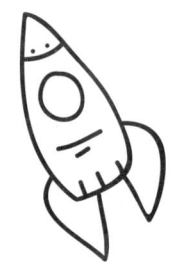

私密处很脆弱，保护好别受伤

> 青春期男孩的困惑：如何防止私密处受伤？

上个周末，楠楠他们班就与隔壁班约好了，准备在这个星期天打一场篮球赛。到了星期天，两个班的男生聚集到篮球场。开始比赛，篮球场不少观众开始兴奋起来了，加油声、呐喊声，全都回荡在篮球场上。楠楠和队友们在呐喊声中觉得劲头十足，飞奔在篮球场上。一不小心，楠楠手里的篮球就被对手抢了过去，那是一个高大的男生，只见他拍着篮球向前进攻，趁着楠楠他们这边不注意，来了个令全场都叫好的三分球。楠楠一下子泄了气，他凑近旁边的小柯同学，细声道："我们得抢在他们前面。"脸色阴沉的小柯点点头。

又一个回合开始了，小柯是楠楠班上最高大的男生，自然防守那位高个子男生。只见小柯步步紧逼，那位高个子男生无处躲避，他决定把球传递给自己的同学，可被聪明的小柯看了出来，那篮球从高个子男生有力的手中飞了出去，不料因为方向失准，而小柯又正面迎过来，正中小柯同学私密处。小柯当即就躺下了，身体呈弯曲状，疼得在地上打滚，两边的队友都围了过来。

楠楠也跑过来，看见小柯躺在地上满头大汗，大家急忙扶起了小柯，搀扶着把小柯送到了医务室。楠楠关心地问："篮球撞到那里了吗？"小柯点点头，脸色有点凝重："不知道伤势严不严重，这可是最关键的部位，一不小心会很麻烦的。""有这么严重吗？"楠楠睁大了眼睛，小柯忍住痛，解释道："是啊，所以在运动的时候，千万要护住你的那个地方，它正在发育期，可脆弱了。"在医务室里，传来小柯同学痛苦的呻吟声，医生走了过来："你们是他的同学吗？他幸好不严重，用冰先敷一下，再注意休息就好了。"

爸妈送给楠楠的话

孩子，在家里你最喜欢看足球赛了，你在看电视的时候，是否注意到这样一个细节：当队员被罚点球、角球的时候，防守方的队员往往要组成一排人墙，这时候，如果你留心观察，就会发现那些组成人墙的队员会下意识地用手遮住自己的私密部位。私密部位是男性身体中的一个要害部位，同时也是一个非常脆弱的部位，它需要被保护好。例如，在一些武打片中，当一个人想给另一个人致命一击的时候，就会狠狠地踢向对方下身，被踢的人都会无法忍受，或疼痛难忍，或当场趴下，甚至被踢伤、踢残，直至丧命。即使在平时生活中，有时候不小心碰到了睾丸，也会疼得你在地上打滚。对此，步入青春期的你要懂得如何保护自己的身体，尤其是自己的私密部位。

你需要了解的知识点

孩子，私密处的重要性使得你要尽力保护它不受伤。例如，在学校，当你在操场运动或课余时间与同学打闹的时候，要特别避免自己的睾丸、阴茎遭受剧烈的撞击和踢打。由于你的生殖器官还处于发育期，比较稚嫩，一不注意就会受伤，而且一些的严重伤势甚至会影响到你们的生殖功能。

1.男性私密部位相当脆弱

孩子，可能你在思索：为什么男性的私密部位很容易受伤呢？这是因为男性的整个外阴部包括阴茎和睾丸，睾丸上遍布着大量的神经，而且外面又有一层又厚又韧的白膜，它的形态受到严格的限制而不能轻易改变。而且睾丸对压力非常敏感，它比较娇嫩，既碰不得，又捏不得，你平时可以试着用一点儿力气去捏一下睾丸，就会感觉到非常疼痛，甚至不能忍受。

在日常生活中，我们经常看到：当一个运动员在球场上不小心被球或对手重重地击中胯下，一定会痛得打滚，甚至有时候会痛得晕过去，发生所谓的神经性休克。在男性的性器官运动伤害中，阴囊比较容易受伤，其次才是阴茎。这主要是因为阴茎只有在海绵体处于勃起状态时比较容易受伤，而在运动时，阴茎很少有勃起的现象，所以它受伤的可能性比较小。

2.自己的私密处如果不小心受伤了，应及时处理

处于青春期的男孩比较调皮，喜欢打闹嬉戏，或者参加足球比赛等这样的运动，不小心就会碰着阴囊，引起阴囊内出血和阴囊血肿，非常疼痛。

这时候如果你仔细观察，就可以看到阴囊肿大，阴囊皮肤变成紫色，这其实就是发生了"阴囊外伤性血肿"。此时应该马上停止活动，就近找一家医院，用冰水冷敷患处，这样会减轻血肿状况，且你在受伤后12小时内，都要不断用冰水或冷水冷敷阴囊，这样可以使血管收缩、减少局部出血。同时还应该卧床休息，尽量减少不必要的活动。等到两三天以后，阴囊内的出血就会完全停止，这时候可以改为热敷阴囊，这样可以加快局部血液循环，促使阴囊内的淤血吸收和消散。

假设私密部位的外伤比较严重，阴囊痛感十分剧烈，痛得你冷汗淋漓，即使口服了止痛药也难以减轻；阴囊血肿也很大，并且还在不断增大，这可能是合并睾丸破裂等更严重的损伤。对于这种情况，应及早送医院紧急救治，千万不要因为尴尬而错过了治疗的良机。

青春期，父母说给男孩的心里话

孩子，当你了解了上述知识，就应该清楚私密处受伤的严重性。那么，为了防止自己的私密处受伤，你在平日的运动、游戏、嬉戏打闹中，就要避免那些可能造成伤害的危险动作，学会保护自己，也要注意保护同伴的安全。

晨勃是正常的生理现象

> **青春期男孩的困惑：怎么会有讨厌的"小帐篷"**

最近，楠楠一直为一件事情而困惑，早上起床的时候，为什么"小弟弟"也站立起来了？每天早上，只要楠楠迷迷糊糊地睁开眼睛，就会发现自己的裤衩搭起了"小帐篷"，这究竟是怎么回事呢？楠楠一直没弄明白，而更令楠楠感到苦恼的是，这样的"小帐篷"太让人尴尬了。有时候，楠楠只得蜷缩在被子里，等着它慢慢变小，或者趁着妈妈不注意的时候，急匆匆地跑去厕所"嘘嘘"，更奇怪的是，等"嘘嘘"完了之后，那"小帐篷"就慢慢消失了，难道它也是被尿憋醒了？

这天早上，楠楠正做着美梦。"楠楠，起床了。"妈妈掀开被子，抓着楠楠的胳膊使劲儿摇晃。楠楠揉着惺忪的睡眼，去洗手间撒尿，裤衩顶得像一个"小帐篷"。妈妈笑着："看你被尿憋的，再晚点儿起床，非要尿在床上不可。"妈妈的笑声一下子惊醒了楠楠，他窘迫极了，赶忙躲到厕所去了。在厕所里，楠楠隐约听到爸爸一边笑一边和妈妈说道："这你就不懂了，这不是尿憋的，而是晨勃。"楠楠正想问："什么是晨勃？"爸爸却拿着公事包出门上班了，楠楠看着爸爸远去的背影，嘴里喃喃自语："晨勃？"

上午第三节课是生物课，老师开始讲生理结构这一章，从而更好地解决孩子们的青春期困惑。风趣的生物老师进了教室，就在黑板上写下两个字"晨勃"，然后说道："那天，有同学问我什么是晨勃？今天我先抽一点儿时间给你们讲一讲这个问题。我先问你们，你们男生每天早上起床的时候，是否发现自己的裤衩好像支起了一个'小帐篷'？""是啊！"下面的男生异口同声地回答，生物老师笑了，说道："首先，要恭喜你们，你们都是发育正常的男孩。一般来说，正常男性的阴茎，除了外界刺激可以使它勃起，有时内脏器官的反射也会导致它勃起，而最常见的就是早晨醒来常见的阴茎勃起，这是一种正常的生理现象，医学上称为晨勃。其实，也就是大人嘴里常说的'一柱擎天'。"哦，原来是这么回事，听了老师的解释，楠楠总算明白了"晨勃"是怎么回事。

爸妈送给楠楠的话

每天早上醒来，青春期男孩都会遇到"小帐篷"的尴尬，这让许多孩子陷入了窘迫的境地，但是无论自己怎样努力，还是避免不了早上醒来时"小弟弟"的挺立。其实，这是大部分男性都会有的正常现象，更是青春期男孩特有的标志，这证明你已经慢慢成了一个真正的男子汉。晨勃不是什么病症，更不是什么见不得人的事，如果这样的现象出现在自己身上，千万不要为此感到烦恼或羞愧。

你需要了解的知识点

清晨勃起（晨勃）是所有性功能正常男性普遍存在、会自发产生的生理现象，是性能力成熟、健康的表现。所以，你应该为自己的健康身体感到高兴。当你发现勃起时，就去卫生间小便一次，因为通常在膀胱内尿液排空后，阴茎会自然而然地疲软下来。在这时，你要学会控制自己的心理，不要因性冲动而担心、紧张，这是正常的生理现象。

1.为什么会出现晨勃这种生理现象

据研究，男子在20~30岁的阴茎清晨勃起次数多于中年和老年时期。研究发现，男子在患病期间的阴茎清晨勃起次数会明显少于健康时的次数，因此阴茎清晨勃起可以作为观察男子性能力和健康状况的参考指标之一。

阴茎出现清晨勃起的原因，一是男性的雄性激素睾酮在血液中的浓度多在清晨达到峰值，有诱发和刺激阴茎勃起的作用；二是夜间排尿次数相对减少，尿液使膀胱充盈，膀胱内压力增加所产生的作用。另外，还有一些其他诱发因素，如性梦及某些睡眠姿势、床上用品的刺激等，也可使阴茎出现反射性勃起。

2.如何应对平日里阴茎勃起的状况

阴茎勃起，对青春期的男孩来说，是非常普遍的现象。这种冲动可以在各种情况下发生，如睡梦中、早晨刚刚醒来、洗澡时，甚至在公共场合。而且这一现象往往自己难以控制，有时真让男孩感到自己好像做错了什么事，进而产生羞愧、内疚和不安。

青春期男孩受刚刚增高的雄性激素水平影响，对性刺激尤为敏感，阴茎受刺激后容易勃起的现象完全正常。首先应该检查自己是否穿着了过紧的内裤、牛仔裤，或者身边人太多时，是否有不经意的阴茎摩擦，这两个因素都可能导致勃起。

第 03 章
青春期到来了，你的身体发育了

青春期是人生命曲线的又一个高峰期，当青春绽放的时候，你是否注意到自己的身体有了新的变化：声音突然变得沙哑，身体上开始出现"草丛"，胡子也开始长起来，脸上还冒出了讨厌的痘痘……这一系列变化，给正处在青春期的你带来了一些困惑和烦恼，下面我们就对这些情况一一详解，帮助你健康地度过青春期。

现在的声音怎么哑哑的

💬 **青春期男孩的困惑：我变成唐老鸭了吗？**

楠楠一进门就被班里同学围了起来，班里最调皮的男生小柯大声喊道："大家快来看啊，唐老鸭来了！"楠楠感觉很奇怪，唐老鸭？谁是唐老鸭？楠楠一把拉住小柯，说："小柯，谁是唐老鸭啊？"一张口，楠楠的声音沙哑，真像唐老鸭的声音，他急忙捂住了自己的嘴巴，小柯大声笑道："谁？不就是你嘛，瞧瞧你的声音，跟唐老鸭的声音差不多，我说你最近是不是动画片看多了？"楠楠想大叫，但感觉自己嗓子发紧，好像声音越来越小了。楠楠心想：是不是昨天晚上把被子踢掉了，感冒了。他不禁摸了摸自己的额头，咦？不烫啊，那自己的声音怎么会这样呢？

楠楠带着满肚子的疑惑，就听到了班里同学大声喊"第一节课上音乐课，数学老师有点事，换课了"。下面传来一阵欢呼声，连楠楠都忍不住大叫一声"好啊"。同桌娜娜有点儿奇怪地看着楠楠："楠楠，你的声音怎么了？感冒了吗？好难听哦。"这时，站在旁边的小柯说了一句："确实很难听，你不觉得挺像唐老鸭的声音吗？"听了小柯的话，娜娜笑了起来，楠楠有点难为情地笑了笑，说："我一会儿就去买感冒药。"

音乐课上，老师为了检查同学们在课下练习得怎么样，就点名几位同学起来单独唱歌，楠楠也在被点名之列。前面几位同学都唱得很好，轮到楠楠了，他一点儿也不紧张，因为他是班里公认的"百灵鸟"。可是今天，他开口唱出第一句，就引来了全班哄堂大笑，那声音异常嘶哑，完全失去了童声的纯真。楠楠自己也被吓坏了，呆在那里。音乐老师微笑着走到他身边，亲切地告诉他："不要担心，这是青春期的变化。"青春期？楠楠心里充满了疑惑。

晚上回到家，楠楠放下书包就跑到书房里去翻抽屉，坐在客厅的爸爸看到了，觉得很奇怪，问道："楠楠，你在干吗呢？赶快来写作业，写完了作业，咱们也好开饭。"楠楠抬起头来问爸爸："爸爸，咱们家的感冒药放哪里了？"爸爸满脸疑惑："找感冒药干什么呢？你感冒了吗？"说完，他走上前摸了摸楠楠的额头，又说道："不烫啊，你有哪里不舒服吗？"楠楠也奇怪地看着爸爸："但我的声音怎么像唐老鸭一样啊，同学们都笑话我，我以为自己感冒了。"这时，爸爸也注意到了楠楠声音的变化，他对楠楠说："别瞎猜了，那是因为你长大了，开始进入变声期了。"

爸妈送给楠楠的话

在这里，爸妈想跟你聊聊关于青春期男孩变声的问题。一个人的声音是随着年龄的增长而不断发生变化的，从幼儿、童年、青少年、成年到老年，各个年龄阶段的声音都有着不同的特点，尤其是你们男孩。当你们开始步入青春期的时候，声音的变化将表现得最为明显，例如，音域会变得狭窄，声音会变得沙哑，在唱歌时还容易破音、跑调，等等。这些变化其实都是青春期男孩的正常变化，千万不要担心，你只需要保护好自己的嗓子就行了。

为什么男孩进入了青春期，声音就开始变得嘶哑，甚至出现像唐老鸭那样难听的声音呢？我想你肯定注意到，爸爸的声音要比你低沉很多吧，你问过为什么会这样吗？是否爸爸的声音一直都是这样低沉、浑厚呢？当然不是，爸爸在小时候也有像你那样纯真的童声，后来经过了青春期的变声期，才变成了这样低沉、浑厚的嗓音。现在，当你的声音变化没有完成的时候，有时候会听起来粗哑、变调、令人尴尬。但这并没有什么好担心的，几个月之后，你的声音就会平稳起来，因为声带的发育完成是需要一些时间的。

💬 你需要了解的知识点

那么，什么是青春期的变声期呢？下面就让爸妈与你一起揭开它神秘的面纱吧。

1.变声期是怎么回事呢

变声期一般发生在初中一年级左右，即12~14岁，在此期间，由于男孩的喉头变大、声带增长，男孩的音域会变得狭窄，表现为发音疲劳、声音嘶哑等，俗称"破嗓子"。一般情况下，男孩进入青春期以后，无论是身高、体重，还是身体的其他器官都会迅速发育，其中声带、咽、喉等器官都在短期内迅速发育，说话、唱歌时的声音都与童年时代不同，这种嗓音发生明显变化的时期就称为变声期。

当你进入变声期，你可以对着镜子认真地观察自己，这时，你会发现自己的喉结变大了，不过不很突出。现在你就需要耐心地等待，再过一段时间，你的嗓音就会由童声变得粗而低沉，酷似成年男性的说话声音，到那时喉结会突出得很显著。

2.变声期对嗓子的保护

当然，不同的孩子，变声期是不一样的，有的孩子变声期较短，可能才4~6个月；但有的孩子变声期可就长了，可长达一年左右。而且，在变声期，你的声带会发生比较明显的变化，声带充血、肿胀、分泌物增多，所以，在步入变声期的时候，你的嗓子很容易受损伤。

那么，如何来保护这一时期的嗓子呢？为了保护好自己的嗓子，你在这一时期要收敛个性，不要大声喊叫，尽量避免长时间大声说话；尽量避免外界因素的不良刺激，如吸烟、吃刺激性食物；做到劳逸结合，积极参加体育活动，防止受凉感冒。

3.不要为此感到担心

当你处于变声期的时候，你的声音可能全混乱了，它一会儿又高又尖，一会儿又低又沙哑。这会让你感到很无奈，因为你不能控制声音的这些变化。它有可能在错误的时间变得又高又尖，让你当众出洋相，被同学们取笑。这可能会给你带来烦恼，但是记住，这是你成长的标志，也是从青少年到成年的路途，有些男孩也许会嫉妒这件事先发生在你身上呢！

身上的臭味是从哪来的

💬 **青春期男孩的困惑：怎么会是"臭男人"？**

上完了体育课，楠楠似乎意犹未尽，又约上了好朋友一起在操场上与班里的同学玩起了篮球。只见同学将球传给了楠楠，精力充沛的楠楠左突右冲，然后双手投球，"球进了！"楠楠抑制不住内心的兴奋，振臂欢呼道。

天快黑了，在球场上玩了一下午的楠楠背着书包坐上了回家的公交车。在车厢里，楠楠一只手抱着外套，另一只手拉着扶手，还在回忆着刚才的球赛。这时，旁边座位上的小女孩叫了起来："妈妈，这位大哥哥身上好臭呀！"大哥哥？难道说的是我吗？楠楠有些不好意思，闻了闻自己身上，还真有一股臭味。最近也不知道是什么了，每次出汗后，身上都会散发一股臭味。楠楠一边想着，一边把身子朝另外一边挪了挪。晚上回到家洗澡的时候，楠楠特意用香皂抹了三遍，还偷偷用了一些妈妈的香薰沐浴露，直到闻到自己身上香喷喷的，他才穿着衣服从卫生间走了出来。

没想到第二天早上，贪睡的楠楠起床的时候已经是七点半了，他连早饭都来不及吃，就朝学校跑去。满头大汗跑到了教室门口，正听到上课铃声响了，楠楠不禁长吁了一口气。不料坐到了位置上，同桌娜娜直喊："楠楠，你怎么这么不讲卫生呢？天天不洗澡。"这话引来了周围不少同学的侧目，楠楠辩解道："真的不是，昨晚我洗了很多次呢！"说完，又闻了闻自己身上，衣服已经被汗水浸湿了，果然散发出一股臭味，他心里满是疑惑。娜娜偏过头，摆了摆手。楠楠听了，有些哭笑不得。看来，晚上回家要问问爸爸这是怎么回事。

💬 **爸妈送给楠楠的话**

孩子，你们有时听到的"臭男人"并不是指男人身上真的有臭味，自然也就不是说你了。到了青春期，爸妈就猜到你会被自己身上因出汗而散发出来的臭味困扰，尤其是你们在面对班里女孩的时候，或者在公交车上的时候，别人的侧目、议论都让你感到很难堪，甚至恨不得找个地缝钻进去。而且，这样的情况好像改善不了，即使你回家用香皂洗了好几遍，洒了妈妈的香水，只要一出了汗，还是掩盖不住那臭臭的味道。其实，这闻上去很臭的味道是你青春时期特有的标记，在尚未进入青春期之前，你身上是没有那种臭味的。但当男孩一旦进入了青春期，就会发现，运动了会更容易出汗，而一出汗就会有臭味，这是男孩处于青春期特有的身体变化，你根本不需要为此感到害怕或担忧。

💬 **你需要了解的知识点**

对于男孩来说，在出汗之后稍微有点异味，是不用过多担心的。下面，爸妈将为你说说这"臭味"的来源以及延伸出来的知识。

1. "汗臭"是怎么来的

许多男孩感到很奇怪，在进入青春期之前，自己浑身可是干干净净的，虽然说不上香喷喷，但也没有什么异味，难道青春期的到来也带来了那刺鼻的汗臭吗？在青春期前，你身体中的大汗腺尚未成熟，分泌功能并不发达，所以不会出现汗臭。当你进入了青春期，身上开始长毛，特别是胳肢窝里也长出了浓密的毛，其实这就是汗腺排出体液的通道。这时候，你的性腺分泌旺盛，大汗腺分泌功能增强，而大汗腺分泌物经体表的细菌分解后，会生成许多不饱和脂肪酸和氨，从而散发出臭气。

青春期汗多汗臭是因为大汗腺腺体比较大，主要存在于腋窝、肛门等处。大汗腺分泌弱碱性物质，分泌物浓稠，含铁多，且含有蛋白质成分，故容易散发出酸腐的气味。大汗腺分泌汗液由神经支配，不受暑热影响，但受性腺影响。

2.如何区别"汗臭"与"狐臭"

有的男孩想当然地认为汗臭就是狐臭，其实这是错误的。那么，相对于汗臭，狐臭是什么呢？狐臭又称腋臭，是腋下、会阴、背上等部位的大汗腺分泌物散发出的一种特殊难闻的气味，它主要是由于腋下大汗腺分泌物中含有生的挥发性脂肪酸，被一种特殊的链球菌分解，产生了难闻的气味。

有的汗臭是遗传性的，一般在两腋窝处，这两处的汗腺由于基因的缘故，分泌的汗液过于黏稠且含有异味。另外，汗臭与流汗并没有直接的关系，虽然流汗时也可能伴随汗臭，但有的人并不会，这主要是遗传所致。

3.如何减少臭味

当然，出了汗，身体散发出臭味是不可避免的，也就是说，无法完全根除身体的臭味。那么，如何才能减少那些臭味呢？你只需要在生活中经常换洗衣物，多注意个人卫生，多多少少就能减少汗臭。另外，出汗对身体的健康有好处，因为体内的废物及水分能随汗水排出体外，从而促进新陈代谢，同时调节体温。

你变成"毛孩子"了吗

💬 **青春期男孩的困惑：我怎么变成"大猩猩"了？**

这些天，楠楠总觉得自己下身痒痒的，他也没怎么在意，晚上洗澡的时候，他脱下了裤子，惊呆了，怎么几天不见，那地方长满了"毛"？这是怎么了？生病了吗？他试着将毛发扯掉，但太疼了，摆弄了一会儿，楠楠也想通了，反正这地方别人也看不到，不管它。不过，楠楠在照镜子的时候，一抬手突然发现自己胳肢窝也长了毛，这让楠楠觉得自己好像一只"大猩猩"，看上去一点儿也不雅观。最要命的就是上体育课的时候，平时楠楠都喜欢穿背心，但现在他特意带了长袖T恤，就是害怕被班里的同学取笑。

这天，楠楠在换衣服的时候，还是被眼尖的同学看到了，投来了惊讶的目光。在大家的注视下，楠楠感到十分难为情，心想：自己得想办法将这些毛处理掉才行，否则，这怎么见人啊！

晚上回到家，楠楠就问坐在客厅里的爸爸："爸爸，你的剃须刀在哪里呢？"爸爸一边看报纸，一边回答说："在客厅的抽屉里，你找那个干什么啊？"楠楠有点儿不耐烦："有用，你就别问了。"爸爸感到很奇怪，这孩子还没长胡子呢，怎么就需要剃须刀了？为了弄清楚到底是怎么回事，爸爸悄悄跟着楠楠，想看看他拿剃须刀干什么。

他看见楠楠偷偷地进了卫生间，手里还拿着剃须刀。隔着门缝，爸爸看见楠楠脱下了衣服，对着镜子，抬起左手准备剃毛。爸爸哈哈大笑，说道：

"你在干什么呢？拿我的剃须刀剃毛？"楠楠不好意思地回过头，向爸爸抱怨说："爸爸，我想把这毛刮掉，太不雅观了，害得我经常被同学取笑。"爸爸意味深长地说："孩子，这是你身体成长的必然过程，你看电视上那些运动员，谁不长毛呢？这是男子汉的象征，不要觉得难为情，你应该感到高兴，因为自己长大了。谁都不能拒绝成长，成长是一件十分美好的事情。"楠楠拿着剃须刀，对着镜子里的自己自言自语：我真的是一个男子汉了吗？

爸妈送给楠楠的话

孩子，当你开始进入青春期以后，细心的你可能会发现，自己的身上开始长毛了，那些长出来的毛发令自己感到很不适应。其实，这是你身体发育的必然过程，不信，你可以观察那些成年的男子，谁不长毛呢？这是男子汉的象征，千万不要觉得不好意思，也不要想着将它除去，因为你越是想办法除掉它，它就会长得越"茂盛"。

最先"长毛"的部位是在阴部。另外，你也许还会发现，进入青春期后，你的胳膊、腿上都开始长出许多的汗毛，在胳肢窝处也会长出浓密的"汗毛"，甚至，有的男孩身上的毛发还会蔓延到胸部、腹部、背部、肩部乃至手臂。

你需要了解的知识点

身体开始长毛，并不意味着自己将要变成"大猩猩"了，其中蕴含着青春期的变化。

1.长毛的秘密

男孩进入青春期以后，身体开始长毛，之所以有这样的身体变化，是因为男孩进入青春期以后，体内雄性激素分泌，出现了男性特征，这是很正常的生理现象。处于青春期的你，不要觉得难为情，也不要抵触毛发的生长现象，不要故意遮挡这样的身体变化。你需要认真地对待身体的变化，正确地看待这一现象。

2.不需要在意"体毛"的多与少

不是每一个男孩都能接受自己身上体毛的多少,有的男孩觉得浓密的体毛会给自己带来尴尬,他们更希望自己的毛发少一点儿,所以这些有着浓密毛发的男孩会显得很自卑。其实,这是一种错误的理解。有的男孩之所以体毛会比较多,是遗传或皮肤的因素,并不具有任何代表意义。所以,你根本不需要在意身上的体毛是多还是少。

在成人的世界里,被爸妈或者其他人喜欢的男孩,并不是看他的毛多还是毛少,而是看他做了什么,是否能承担起自己的责任。所以,处于青春期的男孩不要为这些浓密的体毛而困扰,甚至觉得这样的自己不那么帅气了。恰恰相反,体毛是男性的象征,它反而会为你纤弱的身体增添一股男子汉气概,使你成为真正的男子汉。

男孩的胸也会长大吗

💬 **青春期男孩的困惑：怎么有来历不明的肿块?**

早上，楠楠正准备穿衣服，不小心触碰到了自己的胸部，感到了一阵钻心的疼，楠楠有些害怕起来。早在两周以前，楠楠就发现自己的胸变得有点儿硬，当时也没怎么在意，心想过几天就会好起来的。结果，到了今天还不见好转，乳头那里还是硬硬的，摸起来会感觉到轻微的疼痛。楠楠虽然有些担心，但是又不好意思跟妈妈说，而爸爸又很早上班去了。

中午休息的时候，楠楠和同学一起打篮球，在与对手抢球的过程中被同学推了一下，正好碰到了胸部的硬块，楠楠当即大叫一声，就蹲在地上不动了。同学们看见楠楠疼成那样，急忙过来问道："怎么了，楠楠？"楠楠皱着眉头，指了指胸前，直喊疼。同学们感到很疑惑："胸口怎么了？我好像没怎么用力推你啊，你真是弱不禁风。"楠楠坐在地上休息了一会儿，满怀担忧地走进了教室。

谁料，楠楠刚刚坐在位置上，同桌娜娜就凑了过来，小声地说："哎，你知道吗？咱们的语文老师生病了，听说得的是乳腺癌。"楠楠听到"乳腺癌"这三个字，心里咯噔一下，他小声问道："乳腺癌是什么病啊？"娜娜小声回答："我也不清楚，好像是乳房那里长了个硬块，摸起来还很疼呢，这个病不好治，搞不好要做手术，不过也不一定能治好。"听了娜娜的话，楠楠一阵后怕，好像自己的症状跟娜娜说的一模一样，该不会自己也患上了乳腺癌了吧。

想了想,楠楠按捺不住心中的担忧,朝学校医务室跑去了。在医务室里,楠楠显得窘迫不安,不知道怎么开口。在医生的亲切开导下,楠楠终于吐露了自己的秘密。

💬 爸妈送给楠楠的话

孩子,在进入青春期以后,你的身体将会发生各种各样的变化,其中,你的"乳房"也会有些细微的变化。可能突然有一天你醒过来,会发现自己胸部有了硬块,用手去按,还会感觉到轻微的疼痛,而自己是一个男孩,怎么会胸部疼痛呢?身体如此的变化肯定会令你感到十分窘迫。

孩子,如果你的身体出现了这样的情况,不要惶恐不安和担忧,也不要感到难为情。作为一个青春期的男孩,出现青春发育期的"乳房"硬块,这是正常的生理变化。当然,如果疼痛较为严重,就需要告诉爸爸妈妈,或者咨询医生。

💬 你需要了解的知识点

孩子,你正处于青春期,身体各个部分自然会发生一些显著的变化,"乳房"长了小硬块,感觉到疼痛,这是正常的生理现象,也是你成长的标志。作为父母,看到你身上出现这么多的变化,我们感到很欣慰,也很骄傲,我们的宝贝终于要长大了。下面,爸妈将告诉你一些关于这方面的生理知识。

1.乳房在青春期的变化

从生物学上来说,乳房是由乳腺组织、脂肪及结缔组织构成的,另外,乳腺细胞的表面还存在着能识别和接受雌激素的特殊结构。当雌激素与乳腺细胞的受体结合后,乳腺细胞的代谢就活跃起来,使乳腺细胞增生,乳房隆起。

当你步入青春发育期后,睾丸在分泌雄激素的同时,也会分泌少量的雌激素,当然这个数量是微乎其微的。雌激素便使乳头部位的乳腺细胞不断增殖，导致"乳房"形成硬块。所以，青春期男孩的"乳房"硬块常处于乳头下面，当你触摸的时候会感觉到疼痛。

2.青春期男孩乳房发育并不少见

其实，青春期男孩出现乳房增大或称男性乳房发育的并不少见，相关资料显示，在13~15岁的男性青少年中，有一半以上的青春期男孩被发现有一侧或双侧乳头突起，乳晕的直径有所增加，有色素沉着，但出现乳房硬结者不到五分之一。只是有的男孩对自己身上所发生的细微变化并不在乎，或许他们根本没察觉到自己乳房的这一变化。

青春期男孩的乳房发育一般多发生在12~16岁，14岁男孩出现乳房增大的概率约为64%，增大的乳腺组织直径最大不超过3cm，可能是不对称的，会有轻度疼痛。另外，由于男孩青春期雌激素量的增加是一时性的，因此，其身上的乳房硬块一般经过几个月到一年左右便会自行消退，根本不会影响生活。所以，青春期男孩没有必要为此感到窘迫不安，也不要有任何的心理负担。

第二篇

青春伊始心悸动，情事困扰别心焦

青春期可以说是一个人一生中变化最多的一个时期，幻想与困惑、理智与激情同时存在。心态的变化、外界的刺激、各种各样美好的理想以及对知识的渴求交织在一起，这让男孩们的内心开始变得躁动不安。

第04章
避开阴霾,男孩要在阳光下成长

孩子,在青春期这个极为敏感的年龄,隐藏着许多未知的危险区域。由于你们的认知有限,又没有足够丰富的社会经验,稍有不慎就会被青春的阴霾遮住眼睛,涉足危险禁区,甚至误入歧途,毁掉自己的一生。

重视毒品的危害性

> 青春期男孩的困惑：毒品真有那么大的危害吗？

6月26日国际禁毒日快到了，学校开始准备一些讲座与活动，校园里挂起了"珍爱生命，拒绝毒品"的横幅。楠楠看着这样的宣传，心里直纳闷：毒品真有那么大的危害吗？小柯同学看见楠楠疑惑的样子，悄声说道："你对此表示怀疑？""有那么一点点。"楠楠回答说。小柯神秘地说："反正禁毒日快到了，这样吧，这个周末我带你去一个地方，保你看了之后就不会怀疑了。""什么地方？"楠楠好奇地问道。"禁毒教育基地，我叔叔在那里工作，平时那些公安来我们学校讲座，即使费尽口舌你也不信，你跟我去那里看看，你就开眼界了。"小柯意味深长地说。

征询了爸妈的同意，周末，楠楠跟着小柯一起去了禁毒教育基地。刚一走进禁毒教育基地的展厅，映入楠楠眼帘的是一组照片，小柯在一旁解释："照片中的吸毒女孩叫丽丽，16岁在发廊打工时被强制注射了海洛因，丽丽曾经主动戒毒，但后来还是没能抵制住毒品的诱惑，原来美丽的丽丽变得瘦骨嶙峋。你听说过海洛因吧，它毒性极大，成瘾很快，甚至只吸一次便可成瘾，而且很难彻底戒断。海洛因成瘾者一旦停用，甚至几小时不吸，就会痛苦至极，痛不欲生。"听了小柯的介绍，楠楠感觉有些毛骨悚然了。

在小柯的带领下，楠楠走进了一个实验室，工作人员正在做试验。小柯在一旁解释："叔叔是在用冰毒做试验，冰毒是纯白色晶体，毒性剧烈，吸食过冰毒的人都有好斗妄想、精神错乱等表现。"没想到，毒品比自己想象的更可怕。

爸妈送给楠楠的话

孩子，你进入青春期以后，来自社会的各种东西都在诱惑着你，其中就包括毒品。如果你身边的同学或者结交的社会朋友在尝试这种东西，而你又经受不住诱惑，往往也会深陷其中。通过浏览书籍、观看电视，想必你已经知道毒品的危害性了。但爸妈还是要告诉你，一个人只要沾上了毒品，他的一生就完了。人的意志力是有限的，人在毒品面前，都会抛下自我意识，茫然地陷入另一个世界。因此，你应该远离毒品，珍爱生命。

爸妈给楠楠的建议

毒品是指鸦片、海洛因、冰毒（甲基苯丙胺）、吗啡、大麻、可卡因以及国家规定管制的其他能够使人形成瘾的麻醉药品和精神药品。毒品具有依赖性、非法性、危害性等基本特征，它不仅严重危害人的身心健康，还会诱发其他违法犯罪行为，破坏正常的社会和经济秩序。青少年是毒品预防的重点对象，随着新型毒品的泛滥，青少年已经明显地成为最容易受这类毒品侵害的高危人群之一。

在青春期，你们精力充沛，喜欢追求新鲜、刺激，非常容易受到新型毒品的诱惑。歌舞厅、网吧等这些地方，都是新型毒品泛滥的场所。许多孩子都是在好奇或不知不觉的情况下开始接触毒品，而且那些可恶的毒贩也常用各种招数诱惑孩子们吸毒。因此，你们必须远离禁区，远离毒品，追求有意义的人生目标，以健康的生活方式生活。

1.青少年为什么成为毒品的对象

青少年的心理不成熟是其"软肋"。青春期是一个人的认知水平由较低向较高发展的时期，青少年对社会的认识还不够成熟。青春期男孩最大的情感特点是冲动、情绪不稳定，支配他们情绪的是事物的新奇性、趣味性和刺激性，而毒品恰好符合这样的特征；他们自我控制能力比较弱，容易做错事，尤其在不良因素影响和精神空虚时容易走上歧途。青少年吸食毒品的原因有无知和轻信、贪慕虚荣、追赶潮流、寻求解脱、交友不慎、赌气或逆反心理，等等。

2.毒品的危害性

一旦毒品被摄入体内，就会对你的健康产生严重的损害，吸毒过量甚至会导致死亡。毒品对消化系统、呼吸系统、心血管系统、免疫系统等身体的各个部分都有严重的不良影响。另外，如果你不小心沾染上毒品，还可能导致并发症的发生，如急慢性肝炎、肺炎、败血症、肾功能衰竭、中毒性精神病、性病及艾滋病。

毒品不仅会对你的身体造成毁灭性的伤害，对你的心理也会产生严重的损伤。由于毒品具有生理依赖性与心理依赖性，沾染上毒品的人很快会成为毒品的奴隶，吸毒者生活的唯一目标就是设法获得毒品，为此无心做任何事情。而且，长期吸毒会使他们精神萎靡、形销骨立，根本不像人样。所以，曾有人说：吸进的是毒品，吐出来的却是自己的生命。

3.青少年的"自卫防毒术"

爸妈说得再多，最终也还是要靠你自己，要严格控制自己，抵御外界的诱惑，增强自制力。不轻信谎言，不要轻易和陌生人搭讪，不接受陌生人提供的香烟或饮料，出入娱乐场所应尽量少喝里面提供的饮料，不要随便离开座位，离开座位时最好有人看守饮料、食物等。另外，要树立正确的人生观、价值观，如果遇到无法排解的事情，需要寻求正确的途径解决，不能沉溺其中，更不能借毒解愁。

烟酒会影响神经和心智的发育

💬 **青春期男孩的困惑：我可以抽烟喝酒吗？**

爸爸对楠楠看管得很严，他常对楠楠说："在你未成年之前不能碰烟酒，在这一阶段我得管你。我提醒你，对于烟酒还是少碰为妙，它们将会给你的身体带来极大的伤害。"听了爸爸的话，楠楠似懂非懂。

💬 **爸妈送给楠楠的话**

孩子，或许你曾目睹爸爸喝酒、抽烟，会以为抽烟、喝酒的男人才像男子汉。其实并不是这样。不知道你发现没有，爸爸正在戒烟，也很少喝酒了，除非是公司必要的应酬。烟酒对身体有很大的伤害，等你到了爸爸这个年纪就知道了。不过，爸妈不希望你太晚明白这个道理，因此，爸爸以过来人的经历告诉你：烟酒少碰，尤其是对于青少年。你的身体还处于发育期，烟酒对你们的伤害远远超过成年人，而且烟酒并不属于你们这个年纪。

💬 **爸妈给楠楠的建议**

抽烟、喝酒对身体的危害相当大，尤其是对于正在发育成长的青春期男孩。青春期的男孩正处于迅速生长发育的阶段，身体的各部位、器官都还没有发育成熟，身体的防御系统，诸如神经系统、内分泌功能、免疫机能都很不稳定，对来自外界的不利因素和刺激的抵抗能力是比较差的。因此，抽烟喝酒对青春期男孩的危害远远超过成年男性。

为了让你清楚地明白烟酒对你身体造成的伤害，爸妈将它们的危害一一道出。

1.香烟对青少年身体的危害

香烟对青少年的身体危害是多方面的，不仅影响身体的发育，而且会对你成年以后的生活造成直接影响。从青春期开始吸烟，比那些成年之后再开始吸烟的人更容易染上烟瘾，成为终身的吸烟者，也更容易对尼古丁产生依赖。

香烟里含有大量的尼古丁，尼古丁在吸烟后就会作用于神经系统，并产生暂时的麻醉效应，使你感到舒服。但这样的兴奋现象只是暂时的，尼古丁会麻痹与抑制大脑的神经系统，这样一来，大脑的思维、记忆与判断等机能都相应地减弱。另外，香烟燃烧产生的一氧化碳会与血液中的血红蛋白结合成碳氧血红蛋白，影响氧的运送和供给，使大脑处于缺氧状态，进而影响到你的学习能力。

除此之外，吸烟也会影响到你俊秀的容貌和良好的精神面貌。吸烟会使牙齿变黄，让你显得不干净，而你口中的烟味也会影响到你与他人的交际。另外，吸烟还会使你看上去脸色苍白，给人一种萎靡不振、颓废之感，丧失了青春期应有的蓬勃朝气。

2.酒精对青少年身体的危害

正处于青春期的你，神经系统还没有发育健全，喝酒会造成头晕、头痛、注意力涣散、情绪不稳、记忆力减退等，这对于正处于学习黄金时间的你是大为不利的。而且，酒对青春期男孩的危害远远超过了对成年人的伤害。如果你过量饮酒，神经功能会受到伤害。

另外，你的食道、胃黏膜细嫩，管壁浅薄，对酒精比较敏感，饮酒会影响胃酸及消化酶的分泌，导致胃炎或胃溃疡的发生。酒精进入人体后要靠肝脏来分解，而你的肝脏还没有完全发育成熟，肝组织较脆弱，饮酒会破坏肝的功能，甚至引起肝脾肿大、酒精性肝硬化。饮酒还会引起毛细血管扩张，散热增加，抵抗力下降，易引起感冒和肺炎。

3.青少年应养成不抽烟、不喝酒的良好习惯

青春期是心理、智力和体格快速发育的时期，所以要养成不吸烟、不喝酒的好习惯，这对于你们一生的健康都是很有帮助的。抵制来自香烟和酒精的诱惑，这就需要你们有较强的自制力，控制自己的行为，养成良好的生活习惯，避开香烟和酒精的诱惑和危害。

"黄毒"会让你的青春失去颜色

> 青春期男孩的困惑：电脑中为什么自动弹出不明网页？

楠楠最近发现一个奇怪的现象，自己在用电脑的时候，不经意会弹出一些网页。他也不知道那些网页是怎么出来的，而且一出来就是一大叠，有时候关也关不掉。几次在书房用电脑的时候，楠楠都是心惊肉跳，怕爸爸突然出现在自己背后，让自己百口莫辩。不过说真的，那些网页真的不是自己打开的。

这天下午班会课，班主任拿了一张报纸进来，楠楠觉得很奇怪，难道班主任要给我们读报纸？没想到还真被自己猜中了。班主任示意同学们安静下来，然后他拿着报纸读了起来："都说'黄毒'是青少年成长路上的杀手，这话一点也不为过。正处于身心发育阶段的青少年，如果染上了'黄毒'，很可能受其诱惑，犯下一个个悔之不及的错误。"这时，班主任放下了报纸，在黑板上写下了"远离黄毒"这四个大字。

"黄毒"？楠楠心想，难道那自动弹出来的窗口就是"黄毒"。这时，班主任讲话了："可能，你们还在猜想什么是'黄毒'。'黄毒'就是黄色、淫秽物品，宣扬男女之间不健康、不正当甚至变态的性行为，毒害人的心灵，破坏社会风气，容易教唆人们违法犯罪的音像制品、报刊、书籍以及现在网络上流行甚广的各种格式的电影文件等。这节课，我主要给你们讲讲'黄毒'带来的危害，希望你们能够保护自己，远离'黄毒'。"

💬 **爸妈送给楠楠的话**

孩子，有时候你在网上查资料、聊天的时候，不明网页会自动弹出来，这些不健康的网页会对你的身心带来极大的危害。爸妈需要告诉你，那些不明网页是诱惑你上当的陷阱。"黄毒"是国家公安部门严令禁止的。作为青春期男孩，一定要自我约束，远离"黄毒"。

💬 **爸妈给楠楠的建议**

随着社会的发展、科技的进步，你们面临着越来越多的诱惑。这时最着急的就是爸妈了。本来，青少年的自制力就不高，再加上"黄毒"强烈的视觉冲击，你很容易做出一些危害他人和社会的违法举动。孩子，在"黄毒"面前要学会约束自己、控制自己，远离"黄毒"，你才能保持心智健康。

1.远离"黄毒"，多参加课外活动

青春期男孩正处于身心成长的关键时期，你们所具备的判断能力有限，很容易沉迷其中、不能自拔。这会影响你们的生活和学习，造成无心学习、精神萎靡，进而危害你们的身心健康。

所以，当你在互联网上无意之中发现了这些东西时，一定要克制自己的好奇心理，关闭网站，控制自己不受"黄毒"的诱惑。另外，你可以多参加一些有益的课外活动，在老师的引导下，参与积极向上的活动。

2.勿用手机传播"黄毒"

现在很多孩子都有了自己的手机，除了用来与父母、朋友联络感情，也用来互相发一些信息、资讯之类的。而这样的信息载体也经常被那些不法分子加以利用，如果你交友不慎，就可能接触到一些黄色短片或黄色图片，如果你继续传播，将会使越来越多的青少年受到"黄毒"的危害。如果你收到此类信息内容，应删除信息，必要的时候可以选择告诉老师或者爸妈，并向给你发信息的人发出警告。

所以,青春期男孩应该学会克制自己,既不能受"黄毒"的危害,也不能把这样的黄毒传播出去危害其他同学。青春期是一个美好的时期,爸妈希望你们能在敏感的青春期平平安安、身心健康,这也是爸妈最大的欣慰。

识别危险和禁区，男孩也要保护自己

💬 **青春期男孩困惑：哪些场所是不适合自己去的?**

这天，学校集中了初高中学生参加教育活动，数百名中学生聚集在操场，接受"青少年不适宜去的娱乐场所"的教育活动。活动一开始，负责人张老师就发表讲话："同学们，最近我们通过观察，发现了这样一些情况，有些同学在放学之后不回家，而是聚集到网吧、KTV、酒吧、台球室等一些娱乐地方玩耍。当然，作为老师，我赞成你们拥有在课余时间以外的休闲场地，但这些场所是不适宜你们去的。在我所说的这些场所里，混杂着许多身份不明的成年人，我们很为你们担心。因此，今天特别开展这个活动，希望同学们能够慎重选择自己的休闲场所，远离那些危险的禁区，从而学会保护自己。"话音刚落，台下人群中发出了议论声。

通过这次活动，楠楠也明白了，酒吧、歌舞厅、台球室等地方都是不适合自己去的，就算自己是一个男子汉了，但是在成年人面前，自己也还只是一个孩子。不过这样一来，哪些地方是自己应该去的呢？

💬 **爸妈送给楠楠的话**

爱玩是孩子的天性，爸妈也是孩子时代走过来的，自然很明白你的心情。不过，爸妈最关心的是你成长的综合环境，担心的是你寒假、暑假、休息日的去处问题。每天放学回家，你写完作业就直喊"烦""无聊"，尤其是节假日休息在家、无处可去、黯然神伤的样子很让爸妈心疼。爸妈仔细一想，你们这个年龄阶段的孩子确实比较容易感到枯燥，小时候还可以去公园玩，上了初中、高中就无处可去了。不过，爸妈最担心的事情还不是这个，而是怕你在无聊之下涉足一些危险禁区，从而影响你的身心健康。孩子，你不是常常说"我长大了要保护爸妈"吗？但是，如果你现在不懂得保护自己，那么将来如何能保护爸妈呢？

爸妈给楠楠的建议

当然，对娱乐场所的管理，社会应承担一部分责任，但主要还在于你们自己的选择。网吧附近就有整洁明亮的书城、浪漫无比的海底世界，为什么不选择那些健康向上、适合自己去的休闲场所呢？

1. 远离"危险禁区"

在休息时间进行娱乐活动、休闲活动的时候，需要远离"危险禁区"。什么是危险禁区呢？这并没有明确的定义，而是泛指一些影响青少年身心健康的娱乐场所。诸如网吧、KTV、酒吧、台球室等，这些都是成年人和青少年共用的休闲娱乐场所，你们会遇到成年人、各种阶层的人，以你们现在这个年龄阶段的认知，还不足以分辨出他们的好与坏，你有可能会结识一些坏朋友，慢慢地走上歪路。

另外，诸如酒吧、KTV这些地方，更是可能有许多不明药物，甚至是毒品出入。在这样一个鱼龙混杂的地方，稍有不慎，你就会走上歪路，到时候你就知道"叫天天不应，叫地地不灵"的滋味。因此，在选择休闲、娱乐场所的时候，要远离危险禁区，选择积极向上、健康的活动。

2. 应该去健康向上的休闲场所

在每个城市，都有一些专为青少年而设立的休闲场所，诸如科技馆，还有集科普、艺术、影视、健康游戏于一体的青少年活动基地、图书馆，等等。

孩子，这些地方才是适合你们的休闲场所。这些地方可以舒缓你们的身心，使身心得到足够的休息，同时还能够使你学到一些有用的知识。所以，你一定要学会保护自己，选择积极健康向上的休闲场所。

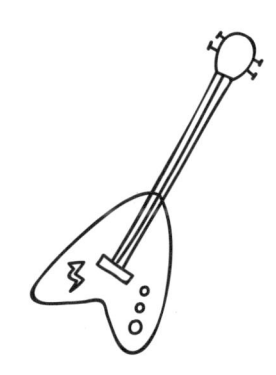

第05章
该怎么应对成长中的烦恼

青春期的来临,身体上的变化以及认识到两性之间的区别与关系,或许会给你带来一些小麻烦。你可能很多时候精神没办法集中,总是爱开小差;变得好面子,总想在同学面前树立好的形象;开始迷恋网络,发现父母和老师的话也并不是绝对的正确。那么,在这个充满困惑的青春期,我们该如何避免这些烦恼呢?

上课的时候无法集中精神怎么办

总是爱开小差怎么办

最近一段时间,楠楠总是感觉精神恍惚,上课的时候也是无精打采的,习惯性的动作就是盯着黑板或者天花板发呆,他也弄不清楚自己到底在想什么,但就是不愿意听老师讲课。有时候他极力想听清楚老师在讲什么,但往往是听了几句话,心就又飞走了,结果一堂课下来什么都没学到,一下课就哈欠连天,趴在桌上睡了起来。同桌关心地问:"张楠,你最近是怎么了?生病了吗?生病了可要看医生。"楠楠只是摇摇头,他自己也不知道这是怎么回事,其实他并没有想什么,可精神就是不能集中起来。

往往到了晚上,张楠的精神却格外好,难以入睡,经常是靠着数绵羊才进入梦乡。但即便是睡着了,也会接二连三地做梦,早上醒来的时候感觉整个人都没精神,他第一次觉得"睡觉好累"。因此,他常常在临出门上学前还是哈欠连天。爸爸担心地看着他,和妈妈说:"这孩子怎么最近看起来老是没精神啊?"妈妈一边收拾桌子,一边回答说:"是啊,看着他的样子就担心,过一阵子就要进行月末测试了,这样的状态,考试准考不好。"爸爸接过话:"一次考不好也没关系,关键是希望他打起精神来。"

过不了多久就是月末测试,楠楠不是不知道,但是他也只能心里暗暗着急。在上课的时候,为了能使自己集中精神听课,他使劲儿掐自己的大腿,直到身体感觉到疼,他才会清醒过来,这样会暂时集中精神。可过不了多久,就又分神了。几位科任老师讲课的时候，都注意到楠楠眼神四处游离，发觉他状态不对劲儿。针对楠楠的这种情况，老师向班主任王老师说了。

这天，王老师把楠楠叫到办公室，说道："张楠，你最近怎么了？家里有什么事情吗？为什么总是精神不集中，上课总喜欢开小差？各科老师都向我反映你的上课表现，你也知道，过阵子就是月末测验了，你怎么一点儿都不放在心上。"楠楠低着头，声音很低地说："我也不知道是怎么回事，其实我也没想什么，可总是感觉白天没精神，晚上难以入睡。"王老师想了想，建议说："你可以在周末的时候好好出去玩一下，玩累了，晚上更容易睡觉，这样，第二天精神便不会很差。你得赶紧把生物钟调整过来，好迎接即将到来的测试。"

💬 爸妈送给楠楠的话

孩子，爸妈最近注意到你精神很差，干什么事情都提不起劲儿。爸妈看着很着急，一方面担心你的学习，另一方面担心你的身体状况。不过，爸妈也明白你在这一时期有诸多烦恼，也正因如此，你每天才变得恍惚不定。可能你自己都搞不明白这是怎么回事，在这里爸妈就向你解释一下。

在青春期，生理上的不断变化，会给每个男孩都带来一些烦恼。于是，你会出现上课精神不集中、精神恍惚、晚上失眠等状况，而这些将会影响到你的学习和生活。如果不及时采取有效措施改善，有可能会使你的学习效率降低，学习成绩也会下降，甚至对生活也逐渐失去信心。当然，爸妈会陪着你共同面对。但更多的是需要你自己的努力，主动改善自己的心理状况，这样才会使情况得到真正的缓解。

💬 爸妈给楠楠的建议

进入青春期，精神不集中、精神恍惚的情况，是多方面原因引起的。对此，你应该找准自己的心理问题，对症下药，如此才能根治这种情况。凡事不能太担心,有爸妈陪在你身边,一切都会过去的,你一定能振作精神,成为让爸妈骄傲的优秀孩子。

青春期的心理困扰、精神困扰,其实并不是那么可怕。你需要拿出男子汉的勇气,积极面对,这样才会克服心理上的压力以及困扰,使你的学习成绩以及成长蒸蒸日上。

1.精神恍惚不定的原因

精神恍惚有可能是性心理带来的困扰,青春期的男孩正处于身体和生理快速发育的时期,会莫名地对异性产生一种冲动,在上课的时候也会不由自主地想起自己喜欢的那位女孩,脑海里总是飘过她的影子,甚至睡觉之前也挥散不去。结果直接导致白天上课精神无法集中,晚上却难以入睡。

另外,还有可能是学习上的压力,青春期男孩们面临着人生的转折点,升学、考试,这些都是你们在学校不得不面对的,老师、家长也会相应地给你们一些压力,这也加重了你们的心理负担。你们总是担心自己考不上理想的学校,这样的担心日益严重起来,就变成一种焦虑心理,越担心,精神越不集中,成绩也开始下降,而成绩的下降使得自己的心理压力进一步加重,进而形成一种恶性循环。

2.青春期男孩的应对措施

在生活中,与异性相处要大方自然,互相成为学习上的伙伴,与其建立正常的同学关系。要改掉一些不良的习惯,养成健康的生活习惯,可以专注于一些自己的兴趣爱好,多参加一些活动,你在运动后大汗淋漓,就一定会睡个好觉。例如,选择与爸爸妈妈一起出门郊游,这就是一项有益身心的活动。另外,坚持养成早睡早起的习惯,精神自然就不会恍惚了。

沉迷网络怎么办

💬 **青春期男孩的困惑：怎么应对虚拟世界的诱惑？**

在楠楠小学的时候，家里安装了电脑，当时妈妈建议将电脑放在书房，进出门随时锁门，楠楠只有在做完作业的情况下，每天才可以接触电脑一两个小时。后来楠楠慢慢长大了，爸妈也就不怎么管他了，只是要求他上网只能查资料、学习，偶尔玩玩游戏。一直以来，楠楠的习惯都很好，他从来不接触那些大型游戏，只是玩玩小游戏，算是缓解学习上的压力，另外就是与同班同学聊聊天。

不过，最近也不知道是不是由于学习上的压力逐渐加大，楠楠开始痴迷网络，经常一个人待在书房玩到深夜，在爸妈的几次催促下才不情愿地关了电脑。爸爸注意到了楠楠逐渐严重的"网瘾"，家里的电脑又开始严格控制起来。楠楠只得跟同学去了学校附近的网吧，后来，网吧成为楠楠常去的一个地方，他常常在网吧待到晚上七八点才回家，回家就说自己去打篮球了，爸妈也没怎么在意。

这天回到家，楠楠借口需要查资料，一个人溜进了书房，正在他游戏玩得热火朝天的时候，爸爸走了进来。爸爸叹了一口气："楠楠，爸爸以为你从来不会撒谎的，可你为什么说你放学后一直在学校打篮球呢？原来却是跑到网吧玩电脑了。"楠楠涨红了脸，低着头不说话。爸爸继续说道："电脑本身是没有危害的，但是你们这个年龄，是一个经不住诱惑的阶段。网络上既有需要你们学习的东西，也有危害你们身心健康的东西，爸爸希望你能健康成长。当你能够辨别事物的好坏，那我就可以放心了。"楠楠若有所悟地点点头。

没过多久，楠楠在报纸上看到这样一个新闻：某市一中学男生陷入网恋，偷偷拿了家里的钱去私会网友，结果发现自己一直痴迷的女孩原来是一个中年男子，自己的钱被骗了不说，还被揍了一顿。原来，虚拟世界的诱惑是有很大危害的，楠楠觉得自己再也不能陷进去了，得尽快回归之前的学习状态，戒除网瘾。

爸妈送给楠楠的话

孩子，说到电脑，爸妈不得不说，现在这个时代进步了，你们从小就与电脑为伴，想想以前爸妈读书的时候，直到大学的时候我们才真正接触电脑，在这之前对电脑是一窍不通。当时，爸妈就在想，可能到了你们这一代，从小就与电脑做伴，应该不会产生网瘾。如今，没想到还是有很多青少年染上了网瘾。网络是一个虚拟世界，深陷其中，定是难以自拔。

互联网可以帮助你学习，但也可以毁掉你的青春，关键在于怎么利用它。如果你是用它来查资料、学习，那么它将会给你很大的帮助；但是如果你用它来玩游戏、网恋，那么你的青春都将毁在它手里。对此，关于网络，爸妈需要给你一些建议，希望你能明白其中的道理。

爸妈给楠楠的建议

现代社会，网络已经不再是一种新鲜的事物，特别是受到了许多青春期孩子的喜欢。你们可以在网络上聊天、玩游戏、看电影、交朋友、购物，在你们看来，网络就是一个全新的世界，但实际上，它也是一个有着巨大诱惑的世界。

尤其是正处于升学阶段的你们，现实学习的压力沉重得让你们喘不过气来，但网络却不一样，它没有压力，于是，越来越多的青春期男孩成为网迷的一分子。和任何科学技术一样，互联网也是一把"双刃剑"，它对青少年的成长既有积极的影响，也有消极的影响。你可以利用网络来促进学习，反之，沉迷于网络也会让你毁掉学业。

那么，我们该如何辩证地看待网络世界呢？

1.网络对青少年的积极影响

网络在很大程度上对青春期的孩子是有着积极影响的，通过网络，青少年们可以学习更多的知识，探索一些现代高科技知识，还可以开拓视野和提高智力。另外，它可以起到一定的教育作用，弥补传统教育不能起到的关键作用。

网络信息量很大，信息交流的速度也相当快，比较自由。你们可以随意在网上获得自己的需求，浏览来自世界各地的新闻信息，了解书本上没有的知识。这样一个知识量极大的平台，使青少年交往的领域空前地宽广，极大地开阔了青少年的视野，给青少年的学习、生活带来了许多便利和乐趣。

网络是一个虚拟的世界，在这个世界里，每一个人都能够超越时空，与一些相识或不相识的人进行联系和交流，谈论一些共同的话题。另外，网络的虚拟性，避免了直接交流带来的摩擦与伤害，是一个崭新的交流场所。青春期的你们可以借助网络的互动性，通过网上聊天或者是发帖留言等方式广交朋友，参与社会问题的讨论，发表观点和见解。

另外，网络的存在还可以促进青少年个性化发展，提高青少年的学习能力，拓展了当今青少年教育的空间，网络还对青少年心理发展与健康有着积极影响。这也使网络成为你们青春期不可或缺的伙伴，成为你们学习上的帮手。

2.网络对青少年的消极影响

由于处于升学阶段的你们学业和心理负担比较重，网络很容易成为你们躲避负担和压力的"防空洞",并沉迷其中不能自拔。另外,由于你们不具备较高的识别和判断能力,难以自觉抵御不良信息的影响,于是,这些负面信息就会影响你们的身心健康。

一些青少年长期沉迷于网络,导致产生了一些精神和躯体的病症,影响了他们的健康成长;网络上还有一些宣传黄色、暴力的内容,也容易让孩子们受到不良的影响;有的孩子自我控制能力比较差,沉迷于网络,甚至荒废了学业;另外,处于人生观、价值观成形期的青少年,分辨真善、假恶、是非的能力较弱,他们容易误入歧途,甚至走上犯罪的道路。

3.辩证看待问题

网络对青少年的影响虽然是利大于弊,但是你们千万不能忽视网络的消极影响。正确地使用网络,网络会成为你学习上的帮手、生活中的伙伴;如果使用不恰当,就会使你上网成瘾,学习成绩也会下降。因此,当你在使用网络的时候,需要避开一些不良的网站,多浏览绿色网站,让网络为自己所用,做一个健康的青少年。

什么样的男孩更招女孩喜欢呢

💬 **青春期男孩的困惑：难道真是"男人不坏，女人不爱"吗？**

看电视的时候，楠楠经常看到有人说"男人不坏，女人不爱！"难道真的是这样吗？那么，像自己这样的乖孩子，岂不是不讨女孩喜欢了？楠楠觉得很奇怪，这到底是怎么回事呢？

到了学校，楠楠坐了下来，问同桌："你们女孩是不是都喜欢那种坏男生啊？就是经常抽烟、喝酒、打架的男生。"同桌女孩笑了："大多数女孩都喜欢阳光的男生，因为这样的男生才懂得什么叫责任。"几句话下来，楠楠恍然大悟，原来，女孩喜欢的男生并不一定是坏男生。

💬 **爸妈送给楠楠的话**

孩子，你在学校久了就会生出这样一些感触：为什么学校里受欢迎的男孩总是那种看上去坏坏的男生呢？但就是这样一群男生，却夺走了许多女孩的心，这是为什么呢？难道原因仅仅是自己不够坏吗？

当然不是，坏男生在某种程度上是会散发出一种吸引力，但是这样的魅力只会被那些整天做梦的青春期女孩欣赏。青春期的女孩喜欢幻想，总是崇拜那些电影里坏坏的古惑仔，或者武打片里英武的侠士，在现实生活中，她们就把这样一种崇拜投放到那些坏男生的身上。这样的心理是源于其认识程度低，等到她们真正长大了，她们会意识到，真正的好男人并不是那种看上去坏坏的男人，而是值得自己依靠的男人。

爸妈给楠楠的建议

事实上，青春期女孩由于对异性的好奇以及一些浪漫的幻想，总认为坏男生能够给自己带来浪漫的爱情，甚至是惊天动地的爱情故事。她们的思想尚不成熟，她们对这个世界只有一些肤浅的认知。而且，"男人不坏，女人不爱"，这样的坏并不是本质的"坏"，而是可以理解为男人身上那种洒脱、风趣、内涵，如此有个性的男人往往是吸引人的。

那么，女孩到底喜欢什么样的男孩呢？你需要成为什么样的男孩呢？

1.有正义感的男孩

男孩需要有正义感，如此他才可以称得上一个男人。在学校里，学会帮助那些弱小的同学，在别人欺负他们的时候，你需要站出来，为他们说话，保护他们。不能看见一点儿事情就躲，这样不是男子汉的作为。

2.善良的男孩

善良是盛开在人性里最美的花朵，这也是中华民族的优良传统。与人为善，哪怕面对陌生人，也要尽自己所能，给予对方一定的关怀；面对跟自己有过矛盾的同学，要大度待人，原谅对方，与其建立更加和谐的关系；对爸妈和家人要友爱，爸妈的爱是无以回报的，在现阶段，你需要听从爸妈的建议，做一个明事理的孩子。

3.有责任、有担当的男孩

你需要成为一个有责任、有担当的男孩，或许你现在并不知道"责任""担当"的深刻含义。但是当你长大成人之后，你会发现，责任和担当是男孩不可缺少的精神。

4.风趣、幽默的男孩

当然，男孩不能太规矩，你得学会幽默、风趣，不知道你发现没有，在学校里，那些受欢迎的往往是风趣、幽默的男孩。你长大了，总会形成一定范围的交际圈，在交际场合，大受欢迎的依然是那些风趣、幽默的男士。不过，要学会这样的本事并不简单，首先你得是一个开朗活泼的孩子；其次你得热爱生活，有发掘幽默的能力；最后你还得拥有好口才。如此，你才能将幽默发挥得淋漓尽致。

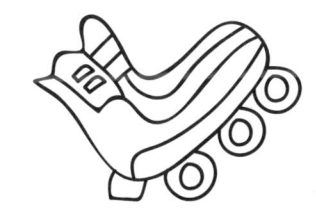

你是个很"爱面子"的男孩吗

> 青春期男孩的困惑：为什么总喜欢打肿脸充胖子？

最近，跟朋友小柯在一起的时间久了，楠楠就一直被灌输"面子"的思想，小柯经常会说："俗话说得好：'树活一张皮，人活一张脸。'什么都可以丢，就是不能丢了面子。"刚开始听到这句话的时候，楠楠不以为意，面子有那么重要吗？但渐渐地，楠楠觉得面子还真就那么重要。比如，他经常在家里听见爸妈打电话，需要求助上司或朋友帮忙，习惯性地就会说一句："你就给我个面子吧，赶紧把这事儿给办了。"原来，面子在很多场合都是颇有分量的。慢慢地，楠楠也开始"好面子"起来。

令楠楠发现"好面子"烦恼的是上周才发生的一件事情。上周末，朋友小柯过生日，几个玩得好的朋友都准备送礼物。而且小胖说："小柯是17岁生日，这可是大事，咱们一人两百，怎么样？"两百？这太多了吧。楠楠刚想说，就让小胖一句话顶了回去："你觉得多吗？如果你出得少了，那就是丢你自己的面子。"楠楠沉默了，两百上哪儿去弄啊，只能自己拼命节约了，而且得向爸妈撒谎说"学校最近要订购新的学习资料，需要交一百块"。到时候被拆穿了咋办，还有，下一周的生活费咋弄？这些都是楠楠烦恼的事情。

> 爸妈送给楠楠的话

孩子，人们历来就比较注重面子，更有"交际场上，面子大过天"的说法。什么都可以丢，但就是不能丢面子。爸妈不否认面子的重要性，但"好面子""讲面子"还需要依据自己的实际能力而为,千万不能为了面子什么都去做,这样只会给自己增加无尽的烦恼。

如果朋友知道了你的弱点,你一定不希望他在大庭广众之下谈论它,否则你就会生气,觉得自己失去了颜面;碰到朋友需要帮忙的时候,即便自己没有足够的力量,也会毫不犹豫地答应下来。在你们看来,面子是重要的,不希望自己被朋友看不起,也不希望在同学面前显得没有能力。不过,面子有时候也是一把"双刃剑",它有时候会伤到自己。

爸妈给楠楠的建议

在很多时候,单纯、涉世不深的你们会误以为给朋友提供无限的帮助就是好事,是自己讲义气的表现,假设不能提供帮助,便觉得自己显得没有能力,在朋友面前也失去了面子。这样的想法是错误的,你们年纪还小,即便给予朋友帮助,所能提供的力量也是有限的,这些你的朋友也都明白,你根本不需要打肿脸充胖子。

1.朋友之间最重要的应该是真诚

朋友之间最重要的是真诚,是坦诚相待,你是怎样的情况,就如实告诉你的朋友。如果你的朋友的确需要帮助,那么你可以向爸妈求助,我们一起帮助他;如果他所做的是不正确的事情,那么你应该及时指引他走出来,这才是真正的帮助,而不是对他的要求一一答应。如果你真的答应下来,那所谓的"面子""义气"并不是好事,而是帮助他人犯错的借口。

需要说明的是,好面子、讲哥们义气,这对于友谊在一定程度上是需要的,但凡事都要有个限度,千万不能打肿脸充胖子。朋友之间,真诚是最重要的一座桥梁,而且有时承认自己的能力与实力并不算丢面子,这只是一种坦诚的态度。人生漫漫长路,不需要自己活得那么累,凡事坦诚一些,生活也会给予你最坦诚的回报。

2.如何正确看待"面子"

面子是重要的，但需要看在什么时候、什么场合，如果仅是为了"哥们义气"，或者只是为了显示自己懂得更多，那样的面子不要也罢，因为，如果真相被揭穿了，你丢的面子将会更大。这样的道理不仅需要知道，而且需要你实际践行，无论现在也好，还是以后长大了也罢，都需要记住：不是任何事情都需要好面子，否则吃苦头的只能是你自己。

第 06 章
无须焦虑，喜欢女孩很正常

青春期是一个充满幻想的季节，少男少女们对未来充满了美好的向往；青春期也是一个充满诱惑的季节，未知的东西对少男少女充满了吸引；青春期还是一个悸动的季节，少男少女之间多了些拘泥，少了些随和。在这个悸动的青春期，孩子，你要学会让自己的心绪平静下来。

你会一看到女孩就紧张吗

💬 **青春期男孩的困惑：我怎么变成了小结巴了？**

度过了一个漫长的暑假，楠楠已经从一个初中生变成了一个高中生。也不知道是不是暑假经常打篮球的关系，楠楠整个人长高了，也变黑了，看起来更成熟了。在学校里，楠楠遇到了以前的初中同学，大家都说："张楠，一个暑假没见，你变帅了嘛！"楠楠虽然嘴上说"哪里，哪里"，但心里却乐开了花。不过，令他自己觉得奇怪的是，再遇到初中同桌娜娜的时候，楠楠竟然变得结巴起来，娜娜有些兴奋地说："张楠，原来我们考了同一所高中啊，真幸运，说不定咱们还能做同桌呢！"楠楠吞吞吐吐："希望……是吧。"娜娜奇怪地看了他一眼，说道："你怎么说话也不利索了？"楠楠只是摇了摇头，就找了借口离开了。

离开了娜娜之后，楠楠恨不得找个地缝钻进去，自己到底是怎么了？怎么看到娜娜还变得紧张了，说话都不顺畅了？好像娜娜除了长高、变漂亮之外，也没什么其他变化啊，那自己到底是怎么了呢？楠楠正在想着，爸爸走了过来，说道："怎么？看见以前的同学也不过去打声招呼？看你，比女孩还害羞。"楠楠脸红了，没想到爸爸还跟自己开起了玩笑。

办完了入学手续之后，爸爸和楠楠一起上了公交车，楠楠挑选了一个靠窗的位置，一边欣赏窗外的风景，一边听歌，心情很是惬意。不过，楠楠总觉得有人在看着自己，等自己回过头来，那双眼睛又避开了。楠楠忍不住回头瞄了一眼，发现盯着自己看的竟然是一个年纪相仿的女孩，而且她长得很漂亮。楠楠脸红了，心跳也快了，只见那女孩忽闪的大眼睛盯着自己，楠楠连忙把视线移向窗外，身后传来那女孩"咯咯"的笑声，楠楠更窘迫了，感觉浑身不自在。

到小区了，楠楠和爸爸一起下了车，没想到那个女孩也在这里下车，而且她并没有马上走开，反而是跑了过来。那女孩露出甜美的笑容，打着招呼："你是张楠吧？"楠楠一愣，那女孩忍俊不禁："怎么？几年不见就不认识老同学了，我是你的小学同学姚雪啊。"居然是那个小时候长得跟洋娃娃一样的姚雪？楠楠想起来了，不过，看着姚雪那张笑脸，他只是说了一句："哦，原来是你。"比起楠楠的冷淡，姚雪说得很起劲儿："没想到咱们高中读一所学校，还住同一个小区，以后咱们上学可有伴儿了。"姚雪的话，楠楠没怎么听清楚，他只觉得自己现在紧张得连手放在哪里都不知道。

爸妈送给楠楠的话

孩子，随着青春期的到来，你突然发现，不知道从什么时候开始，自己对女生的感觉已经不同了。可能在小时候，你把女孩当成自己的玩伴，但现在一遇到她们，你就会脸红心跳，紧张得不得了，好像自己做了什么亏心事一样。对这样的反应，你感到很不解，更多的是觉得不可思议，这到底是怎么了？

当你进入了青春期这个美好的阶段，你会发现在你身上发生了很大的变化，这样的变化不仅有来自外部的，也有来自内心深处的。不知道什么时候，遇见隔壁家一起玩大的女孩，也会羞涩得不知如何面对；不知道什么时候，看见同桌女孩熟悉的脸庞，也会心猿意马；不知道什么时候，见到了年纪差不多的女孩，会相对无言，局促不安。其实，这就是青春期男孩的心理变化，对待女孩的感觉完全不一样了。在女孩面前，你们更多的是紧张与不安。

童年的时候，你们只把女孩当成一个玩伴，一起打闹，一起上学，一起玩过家家，但却从来没有认真想过女孩对自己意味着什么。其实，爸妈在童年的时候也跟你们一样，与隔壁的异性小伙伴玩过家家，甚至还会用草编一些戒指互相戴在对方的手指上。那些美好的回忆，对于所有人来说都是最为珍贵的，那时候我们天真无邪，什么都不懂。但现在，身体和心理上的变化给我们带来了烦恼，尤其是面对女孩的时候。这是正常的心理转变过程，我们需要做的就是坦然地与女孩接触，不紧张、不羞愧。

爸妈给楠楠的建议

一眨眼，青春期扇动着翅膀来到了你们身边，你们也发现那些小时候瘦小的女孩已经出落成亭亭玉立的大女孩了，你们的下巴也开始冒出了胡子，那是成长的痕迹，也给你们的心理带来了一些冲击。通过学习一些生理方面的知识，你们可以认识到两性之间的区别和两性之间的关系。

1.正确看待青春期男孩心理变化

在青春期，你的心理将会发生很大的变化。当再见到那些往日关系亲密的女孩，你会脸红，你会口拙，心跳会不由自主地加速。其实，孩子，这都是青春期的正常心理反应，也是你们处于这个年龄不得不面对的心理变化。

2.如何面对这一心理变化

那么，如何来面对这样突如其来的心理变化，在日常交往中怎样保持与异性之间的关系呢？

你需要不断地告诉自己，这是正常的心理，不要产生羞愧感，而要以一种坦然的心境与异性交往，和女孩成为好朋友，可以互相交流学习方面的情况，也可以互相交流感情。在与女孩接触时，一定把握好与异性交往的原则，那就是大方自然，不要表现得扭扭捏捏，拘泥不安。

孩子，青春期是一个美好的年龄，需要你自己好好把握。虽然青春期的心理变化会给你们带来一些困扰，但这都是暂时的，而且也是需要你们自己认真面对的。以后，当你们成为真正的男子汉，相信这一段美好的时光也会成为你们最珍贵的回忆。

收到了情书该怎么处理

青春期男孩的困惑：如何对待那张粉红色的信笺?

早上，楠楠刚到教室，就看见小胖拿着一张信纸在讲台上念："亲爱的某某，春天，我陪你轻轻漫步在盛开的百花之间；夏天，我陪你奔跑在欢乐的小河之畔；秋天，我陪你徜徉在火红的枫林之下；冬天，我陪你围坐在炽热的火炉旁边。如果有一天，我化作了一抔黄土，这黄土长出的青草也是为你而绿，开出的黄花也是为你而香；如果有一天，我化作了一溪清泉，这清泉里蹁跹游摆的鱼儿也是为你而舞，那叮咚的泉响也是为你而唱——爱你的某某。"

教室里安静了下来，有人悄悄问："这是谁写给谁的情书啊？""不知道啊，也没说名字。"有人回答。这时，在教室的角落里传来了一阵啜泣声，楠楠循声看去，原来是班里最有文采的女生——文静，难道这情书是她写的？也难怪她会哭，当着全班的面念她写的情书，她铁定是尴尬死了。楠楠看了看正在讲台上得意的小胖，心里有些不平：这情书是写给谁的呢？收到了情书怎么这样处理呢？岂不是伤害了女孩吗！不过，如果是自己收到了情书又该怎么办呢？

下午上完了体育课，楠楠满头大汗地跑进教室，急忙把抽屉里的一瓶水拿出来，直往嘴里灌。猛地喝了几口，感觉已经不是很渴了，他就坐下来，发现地上有一张粉红色信纸，好像是刚才自己拿瓶子的时候被带出来的。他好奇地拿起来，慢慢打开信纸，看到里面写着："张楠，犹豫了好久，还是决定给你写这封信……你不要猜测我是谁,我只是一个默默喜欢你的女孩,我很普通,普通到你可以忽略不计……希望你每天都那么快乐。"一口气看完了信的楠楠,觉得血液好像全部涌上了脸,早上还在想该怎么处理情书,怎么下午就收到了?一阵慌乱之下,他连忙把信塞进抽屉里,又拿着瓶子喝了几口水,心里简直乱成了一锅粥。

过了一会儿,内心平静下来的楠楠开始猜测,这到底是谁写的呢?看那娟秀的字迹,自己好像很熟悉,但又想不起是谁。这时候,同学们陆续进了教室,看着一张张熟悉的面孔,到底是谁呢?突然,进来的小美羞涩地看了楠楠一眼,小美是个平时不怎么说话的女孩,长得很文静也很漂亮,写得一手好字。等等!楠楠回忆起上次收练习本的时候,自己还夸小美的字写得很好呢。原来是她!楠楠心里一片慌乱,不知道该如何是好。瞅了瞅课桌里那张粉红色的信笺,楠楠犹豫了,怎么办?要交给老师吗?不行,那会伤害到小美的。给她回一封信?不行,这岂不是给了对方一个期望吗,那该怎么办呢?

💬 爸妈送给楠楠的话

孩子,当你收到了一张粉红色的信纸,那娟秀的字迹,那字里行间真情的告白,那弥漫在信纸上的暧昧,都会告诉你这不是一封普通的信,而是一封情书。相信此刻,你的心里充满了惊讶、欢喜、不安,甚至是慌乱,不知道该怎么处理这封情书才好。不过,如果爸妈知道你收到了一封情书,肯定会感到由衷的欣慰,孩子长大了,也有女孩喜欢了,这说明在你的身上具有一种吸引力。你不要感到窘迫,也不要感到不安,应该感到骄傲。

作为一个青春期的男孩,能够收到女孩给你写的情书,那是一种莫大的荣幸,它足以让其他男孩感到羡慕,甚至是嫉妒。想起爸爸小时候,哪里能收到女孩的情书,自己送出去的情书不被交给老师就算不错了。这样看起来,你比爸爸小时候更有魅力与吸引力，这说明你已经具备男子汉的特质了。

爸妈给楠楠的建议

情书，是男孩与女孩之间表达爱慕之情的书信，每个处于青春期的男女生都会懵懂地想写情书，这是情理所在，是无可非议的。但考虑到你们如今处于学习的最佳年龄，最好还是将这份情感埋在心底。

在收到情书之后，或许你心里还会有惊喜，原来自己也会讨女孩喜欢。但惊喜之后就是不安了，你该如何处理这封信呢？在这里，爸妈给你建议：不管写信给你的女孩是不是你心仪的，都需要以一种认真的态度处理。

1. 尽量不要给对方难堪

如果你觉得这样的信是很可笑的，也不要交给老师，也不要拿给同学看，更不要在全班面前宣读，否则只会让对方感到难堪。因为对方的心思只希望你一个人能知道，她并不想被其他人看到这封信，所以她这份心意是你必须尊重的。你可以把这封信珍藏起来，作为一种美好的回忆，等你老了之后，也可以更好地回味。

2. 不带伤害的回应

收到了情书，如果你不想回应，不妨按下面的办法处理：若无其事。也许她写信只是一时冲动，假如你急于回信，会给对方一种错觉，她会认为你也有意，可能会继续给你写信。所以你不妨装作不知道，与她正常交往，既不过分疏远和回避，也不过分热情和亲近，要落落大方，坦然自若；或是直接向她表明自己的态度，婉言拒绝对方，表明自己以后会珍惜彼此之间的友谊，也要向对方保证，自己一定会保守这个秘密。

总而言之，你拒绝的态度要坚决，用恰当的方式，语气要温和。另外，你还可以向心理咨询师或心理辅导老师求助，让他们为你想一个恰当的解决办法。

3.抑制"早恋"的欲望

如果写给你情书的女孩恰恰是自己喜欢的女孩,这该怎么办?千万不要觉得原来对方也喜欢自己,就开始了早恋。现在你还是一个学生,你在这一阶段的任务是学习,对于恋爱这件事,你没能力承担起应负的责任,它只会影响你的学习和生活。你们互相喜欢,不妨做最好的朋友,等到你们都学业有成,再来谈这件事也不迟。所以,即使你收到的情书是你喜欢的女孩写的,也要学会抑制心中"早恋"的欲望。

很多时候,你在收到情书后,或者是不想说"不",或者是不会说"不"。无论哪一种情况,你都需要仔细思考爸妈给你的上述建议,用恰当的方式,灵活地处理,使你们之间的关系成为正常的同学或朋友关系。

该怎样与异性相处

💬 **青春期男孩的困惑：为什么总是会惹女孩生气？**

自从上次与姚雪偶遇之后，楠楠发现原来大家住同一栋楼，于是，性格活泼的姚雪经常会来楠楠家跟他一起做功课。这天，楠楠还没起床，妈妈就进来催："楠楠啊，赶快起来，姚雪都来了，你们赶快一起把作业写了。我跟你爸爸说好了，你今天得把作业写完才能出去玩，到时候你爸爸要检查的。我要去上班了，你在家不要偷懒哦。"还没睡醒的楠楠没好气地回答："我都还没睡醒呢，就催我写作业，这个姚雪也真是的，怎么这么早就起来了，大周末的，她都不睡觉啊？"他一边嘴里嘟囔着，一边艰难地从床上爬起来。

在客厅里，姚雪正和爸爸聊得起劲儿，楠楠洗漱完毕之后，摊开了作业本开始写起作业来。姚雪也不打开书本，只看着楠楠写作业，突然她惊讶地说了一句："哎，你的数学成绩真好，这么难的题都找到了解题方法，我真佩服你。"楠楠一抬头，正对着姚雪那对忽闪忽闪的大眼睛，他的心里一阵慌乱。姚雪毫无顾忌地挨着楠楠坐了下来，看着他写作业，楠楠心里一阵紧张，不小心把数字给写错了，姚雪好心指出来："你这里把数字都写错了，你在想什么呢，粗心大意的。"楠楠觉得心里莫名地烦躁，他没好气地回答说："你离我这么近干吗？如果你不坐在这里，我肯定不会写错。"姚雪有点儿生气了，但楠楠却觉得心里有说不出的舒坦。姚雪坐了一会儿，就起身走了，楠楠有点儿失落，为什么自己每次都把她气走呢？但如果不把她气走，自己又没心思写作业，这到底是怎么了？

一会儿，爸爸走了出来，问道："姚雪呢，怎么走了？"楠楠一脸紧张："我也不知道她怎么就走了。"爸爸一边看报纸，一边说："姚雪的成绩可不差呢，英语非常好，每次测试都是全班第一。你不知道吧，她就是数学成绩差了一点儿，她昨天还向我问起你的数学成绩怎么样呢？其实，我觉得你们两个可以互补，你帮她补数学，她帮你补英语，你觉得爸爸的主意怎么样？"楠楠虽然嘴上没说什么，但心里还是挺赞成爸爸的话。

下午，楠楠去了姚雪家，正看见姚雪在那里认真地写作业，楠楠有点儿不好意思："对不起，上午我说话太不客气了。"姚雪放下手中的笔，笑着说："没关系，我是想向你请教数学方面的问题。"楠楠脸红了，说道："我英语成绩一直不怎么好，我也正想向你请教英语方面的难题呢，咱们以后互相帮助吧。"姚雪点点头，两人一起笑了。

爸妈送给楠楠的话

孩子，随着青春期的到来，由于生理上的急剧变化，你在心理上也出现了一系列微妙而复杂的反应。在很多时候，当你们在与异性相处时，会因为心理上的不适应而使双方之间的关系变得疏远，甚至给他人造成心理上的伤害。就好像你与姚雪之间的接触，一方面，你看见姚雪，心里就莫名地紧张；另一方面，你总是压抑心中莫名产生的好感，表面上还对其态度比较恶劣，最后弄得两人的关系很不和谐。对此，你要学会接受心理上的变化，以坦然、真诚的态度展开与异性的交往，说不定你们还能成为学习上的伙伴、生活中的朋友呢。

爸妈给楠楠的建议

青春期的男孩需要端正与异性交往的心态，因为异性之间互相吸引、互相交往而获得的一种愉悦的情绪，是一种良好的、积极的情绪体验，并不需要回避。同时，它还会对你的身体健康有很大的帮助，对你的心理活动产生较多的积极效应，可以激发你的潜力，使你更加奋发向上。

那么在实际交往中，青春期男孩该如何正确地与异性相处呢？在这里，爸妈给你一些适当的建议，希望能消除你心中的困惑。

1.互相帮助，互相学习

一般来说，男孩在思维方法上偏向抽象化，概括能力较强；女孩在思维方法上多倾向于形象化，观察细致，富有想象力。如果你们在一起学习，就有可能互相启发，使思路更加开阔，思维活跃，思想观点也能互相启迪。

在这样的交往中，你们能互相帮助，互相学习，达到共同进步。另外，即使在各种课外活动中，你们也都是互补的，男孩的活跃加上女孩的文静，更是一曲动人的青春旋律。

2.取长补短，丰富自我个性

进入青春期以后，由于激素的分泌，第二性征的出现，青春期男孩的身体外形及体内器官发生了很大的变化。这样的变化使爸妈惊叹，孩子长大了，也会促使男孩们对自己性别角色的认知的发展。所以，在青春期，男孩与女孩之间在心理上的差异比较明显，一般来说，男孩比较勇敢刚强、果断机智，而女孩则显得文静懂礼、感情细腻。因而在这一时期，男孩与女孩之间是互相吸引的，应该大方自然地交往，这样可以发现对方的优点和自己的缺点，以便于互相学习、取长补短，丰富完善自己的个性。

3.不断地激励自己

处于青春期的男孩都渴望引起异性的关注，希望自己以某些特点或特长受到异性的青睐。有的男孩吃饭总是狼吞虎咽，动作很夸张，但如果有女孩在场，他们就会收敛自己的行为，懂得谦让，显露出君子风度。有这样的异性效应，男孩会不断地激励自己，成绩逐渐提高了，谈吐开始文明起来了，举止也会潇洒起来，还会特别注意自己服装的整洁度。他们往往会逐渐完善勇敢探索精神、豁达的胸怀和男子汉的气质。

4.提高自我评价能力

青春期的男孩都会很留心班上女孩的一举一动，他们喜欢对女孩评头论足，而且很重视异性同学对自己的评价。如果哪位男孩在寝室很懒散，衣服被子都不洗，大家把这样的事放在女孩面前说，当事人就会觉得自己很没有面子，很受伤，甚至觉得懒散的自己再也不会受到女孩的欢迎了。所以，这样的直接后果就是，每个人在评价对方的同时，也都一定会注意规范自己、塑造自己、完善自己，从而在评价别人中学会评价自己，使自我评价的能力得到提高。

当然，青春期的男孩在与异性交往中既要自然大方、坦诚相待、相互激励、共同进步，又要注意男女有别，适当把握异性之间交往的"度"，才能使交往健康顺畅地进行。

该向喜欢的女孩表白吗

💬 **青春期男孩的困惑：为什么心中的那个影子赶也赶不走？**

在爸爸的开导下，楠楠与姚雪组成了互相帮助的学习小组，不过成员只有两个人。放学后，两人都是在一起温习功课，遇到什么不懂的难题，也是两人一起讨论，最后一起解决。在这一段时间里，楠楠与姚雪接触多了起来，越来越发现姚雪是一个难得的好女孩，每次与人说话，姚雪总是很亲切，面露笑容。不仅如此，姚雪还是一个擅长艺术的女孩，能歌善舞，还弹得一手好琴。对姚雪了解得越多，楠楠越觉得心里有只小鹿在扑通扑通地跳，他也不知道自己是怎么了。

有时候，楠楠会一个人坐在教室里笑，沉浸在与姚雪相处的喜悦之中。她那张美丽而青春的脸庞总是出现在自己的脑海里，不断地向自己微笑，楠楠感觉自己心里像吃了蜂蜜一样甜，他很享受这种感觉。直到那天发生了一件事，楠楠才意识到自己喜欢上姚雪了。

那天体育课上，楠楠发现二班也在上体育课，那可是姚雪她们班呢，楠楠悄悄地用眼睛搜索着姚雪的影子。正在他看得认真的时候，班里的男生开始起哄了，小胖说："看见二班那个穿粉红色裙子的女生没？真漂亮啊，简直就是我们学校的校花啊！"小柯好奇地问："那你打听到她叫什么名字没？"小胖眼神狡黠："当然了，她叫姚雪，不仅人长得漂亮，成绩也十分优异。"几句话引得一群男生讨论起来，楠楠也听到了，心里不是滋味，他很想大声说：

"姚雪就跟我住在一个小区，我们是好朋友。"但他还是忍住了，听着班里男生对姚雪的赞美，楠楠心里酸酸的，好像吃了一个青涩的橘子。这是怎么了？难道自己喜欢上姚雪了？

虽然楠楠明白自己还是一个学生，但他克制不了内心的情感。他每次下课都会假装去卫生间，经过二班教室的时候，总忍不住向里面瞟上几眼；在做课间操的时候，视线会不由自主地向二班移去；下午放学的时候，楠楠会故意磨磨蹭蹭地收拾书本，等着和姚雪坐上同一班公交车；在与姚雪一起学习的时候，楠楠也总是假装自己某个问题搞不懂，故意向姚雪请教，借此拖延学习的时间。

就这样过了几个星期，楠楠觉得自己脑海里满是姚雪的样子。有时候，楠楠晚上做梦还会梦见她，她的笑容是那么美，让自己的心都醉了。白天夜里，楠楠脑海里一直有姚雪这个挥不去的影子，弄得楠楠总也提不起精神来学习，这该怎么办呢？

爸妈送给楠楠的话

孩子，当你步入了青春期，心里便会产生一种青春的悸动，你开始关注异性的一举一动，慢慢地，你也有了自己心仪的异性。在自己喜欢的女孩面前，你显得很笨拙，不会说什么话，但心里却有一种很快乐的感觉。相处久了，你恨不得每天都能见到对方，你会到处打听关于她的一切信息，包括她喜欢的电影、书籍、活动，你还会故意制造一些"邂逅"，只是为了跟她说上一句话。

孩子，青春期是一个感情懵懂的年龄，即使你真的喜欢上了某个女孩，这也是很正常的，这是爸妈值得骄傲的事情。因为，你产生了这样的心理，说明你已经长大成人，懂得如何去喜欢一个人了。不过爸妈要告诉你的是，现在你年纪还小，还处于学习阶段，你的主要任务是学习，只有学习好了，你才有能力给你喜欢的女孩幸福。因此，学会克制自己的感情，不要盲目地陷入青春期感情的泥沼，将喜欢埋在心里，等你长大了，或许你的想法已经变了，又或者你还喜欢着她，这时你再告诉她，只有这样，你们才会有一个更好的开始。

爸妈给楠楠的建议

孩子，你需要思考，你到底喜欢对方的什么呢？是漂亮的外表还是甜美的笑容？是活泼的个性还是善良的心灵？是优雅的举止还是优异的成绩？如果你仅是因为对方的外表而喜欢她，那说明你这样的喜欢只是一种好感，而不是真正的喜欢。

1.青春期的"喜欢"只是一种好感

你正处于青春期，可能只是出于对异性的好奇，所以才萌发出懵懂的情愫。父母告诉你，真正的喜欢并不只是来自外表，而是内心，或许是她的善良，或许是她乖巧的个性，或许是她的朴实。另外，喜欢一个人就会接受她的全部，假如你喜欢的女孩无意之间在你面前做出了失礼的动作，相信你对她的好感一定会有所消减，因此，你这样的好感并不是一种真正的喜欢。

在你们现在的年龄，有喜欢的异性是正常的，但是这样的感情需要自己去克制，因为你们都在不断地成长，不断地蜕变，还有更美好的前途等着你们，这个时期是不适合早恋的，否则只会影响到你们的学习。

2.把喜欢埋在心底，大方自然地与她相处

有时候，你可能无法克制自己的情感，那么你不妨换一种方式，大方自然地和她相处，与她成为朋友。在学习上互相帮助，在生活上互相关心，甚至你可以邀请她来家里吃一顿饭，爸妈会理解你们之间的友谊。等到你们过了这段美好的年龄，也许你们心里的想法就会有所改变，那时候你们已经是交情甚好的朋友了。

如果你比较羞涩，那么不妨把这种美好的感觉藏在心里，把喜欢转换成一种动力，好好学习，女孩可不喜欢学习成绩糟糕的男生。等到你有了优异的成绩，拿到了大学录取通知书，你再把这份埋藏在心底的感情告诉对方，那时无论你们之间的情况是怎么样的，爸妈都会给予你最好的祝福。孩子，青春期是美好的，但是更加美好的前途在等着你们，赶快向未来冲刺吧！

第三篇

好男儿积极阳光，美好青春要与快乐同行

在青春期，男孩的生理、心理迅速发育，开始出现一系列的变化。对此，在这一时期，你需要做好身体保健工作，争取做一个健康的男孩。尤为重要的是，你们对社会给心理方面带来的影响普遍缺乏免疫力，一旦面对，就有可能会因应对能力缺乏而造成对心理健康的损害。因此，你要保持健康的心理状态，做一个身心健康、快乐的阳光男孩。

第07章
别拒绝与大人沟通,理解长辈的唠叨与关怀

在青春期这一时期,你生理上的变化往往会导致叛逆心理的产生。在这一成长阶段,你总认为自己已经长大了,在对待某些问题上会与家长或老师产生分歧,甚至产生矛盾。因此,作为青春期男孩,应该积极主动消除代沟,学会与长辈与老师沟通。

和老师也可以成为朋友

青春期男孩的困惑：我也能成为老师的朋友吗？

楠楠记得英语老师在自我介绍的时候曾说："我私底下其实是一个很有趣的人，我喜欢能与在座的你们成为无话不谈的朋友，我也欢迎同学们到我家里来做客，在课堂上你们可以称呼我为王老师，下课之后你们可以直接叫我老王。"现在回想起来，楠楠觉得这位看上去邋遢的老师，说话好像还挺有趣的。

在以后的英语课上，楠楠都会认真听讲，仔细听来，这位老王的课挺风趣的，也难怪班里的同学都喜欢他。每次英语老师布置的作业，楠楠都认真完成；上课老师提问，楠楠也会高举着自己的手，王老师就会让楠楠回答问题。针对楠楠给出的答案，老师还会一一分析，对于说得好的给予表扬，对于说得不到位的，他则会委婉地提出来。平日里，同学们议论英语老师的时候，楠楠也会说句好话："我觉得英语老师上课挺有趣的。"

一个月之后，英语测验中，楠楠竟然破天荒地考了85分，这不禁让同学们感到惊奇，就连班主任也觉得不可思议，要知道，在这之前楠楠的英语成绩一直徘徊在60分左右。快放假了，英语老师通知楠楠去办公室一趟，楠楠心里忐忑不安，他不知道英语老师有什么事情。他来到办公室，看见英语老师正在整理资料，他怯怯地叫了一声："王老师，您找我？"英语老师点点头，示意楠楠坐下来。这时，英语老师递过来一支崭新的钢笔，笑着说："这是给你成绩进步的礼物。"楠楠看着钢笔,激动得不知该说些什么好。

💬 爸妈送给楠楠的话

孩子,有可能你总觉得老师是高高在上、难以亲近的人物,因为他们总是板着脸,一副严肃的样子,不苟言笑。其实很多时候,你只是没有把老师视为朋友。爸妈告诉你,老师也只不过是一个普通的人,在他们那张严肃的面孔下,同样有着一颗友善的心。所以,在平时的学习生活中,只要你与老师多沟通,说不定你还真能成为老师的朋友。

💬 爸妈给楠楠的建议

以前,爸妈总会带着你去拜访一些老人,其实,那就是爸妈以前的老师。在学生时代,老师给予我们谆谆教诲,当时我们怀着对老师的无限感激,经常向老师请教问题,闲暇之余还与老师一起看电影、看小说;后来,我们长大了,毕业了,也时不时给老师打电话、发邮件,畅谈我们工作的烦恼。就这样,我们一直到现在与老师还保持着联系,成为无话不说的朋友。

1.与师者同行,你将受益终身

孩子,固然同龄的朋友会跟你有更多的共同语言,却无法为你的人生道路出谋划策。但老师就不同了,他们经历了更多的岁月,对社会有了很深的认识,对人生也有了许多总结,他们终究是过来人。在人生的道路上,老师们会作为朋友时刻支持着你,给你生活的信心,当你在人生路途中遇到了挫折,他们会给你莫大的帮助;当你在人生的十字路口徘徊,他们会给你中肯的建议;当你获得了成功,他们会由衷地感到欣慰和自豪。与老师成为忘年之交,你将受益一生,因为在某种程度上,老师会成为你人生当中的引路人。

2.与老师多沟通,你也可以成为老师的朋友

在课堂中,老师是传授知识的师者;在课后,老师则是一个再普通不过

的人，他跟我们一样有喜怒哀乐，跟我们一样有兴趣爱好。就像英语老师，在平时看上去是一个多么严肃的人，但他也会大方地奖励学生的进步。很多时候，你之所以觉得自己与老师存在着很大的距离感，那是因为你们之间缺乏沟通。因此在平时的学习过程中，主动与老师接触，有什么不懂的问题向老师请教，多找机会与老师接触，你会发现，你也可以成为老师的好朋友。

"唠叨"是烦人还是关心

💬 **青春期男孩的困惑：怎么应对妈妈的唠叨**

一直以来，楠楠都觉得爸妈十分唠叨，本来一件很简单的事情，他们却总是重复上百遍，好像担心楠楠记不住似的。早上的时候，楠楠还在被窝里，妈妈就开始"碎碎念"了："楠楠，该起床了。你看隔壁的小学生都上学去了，你这个中学生还在床上赖着。这么大个人了，怎么还这样懒啊？每次起床都要妈妈叫你。你看你，房间里这样乱，怎么住人嘛，一点也不懂得收拾房间……"楠楠整个人缩在被子里，用手捂住耳朵，大声说道："妈妈，你先出去吧，我要穿衣服了。""穿衣服还要妈妈出去，你是妈妈生的，你身上哪个地方没被妈妈看过？"妈妈又开始了，楠楠不说话了，等着妈妈出去了再起床。

楠楠上卫生间的时候，妈妈说道："上厕所记得掀马桶盖，这是基本常识，你怎么每次都忘记？""OK！我这次记住了，你别说了。"楠楠只好举手投降。妈妈看到楠楠乱糟糟的头发，又开始说："看你的头发，整理一下嘛，这样子难看死了。"楠楠没办法了，无论自己说什么、做什么，都总是没有办法"关"上妈妈那张嘴。

吃了一个面包，喝了几口牛奶，楠楠就打算起身背着书包上学了，妈妈唠叨说："牛奶怎么才喝了几口？赶快把它喝完，这可是妈妈专门给你买来补身体的，再说了，喝了几口就不喝了，真浪费！"爸爸示意楠楠赶快喝了，楠楠楠只好喝完了牛奶，这才得以脱身。

没想到，临出门之前，妈妈又来了："路上注意安全啊，一定要看红绿灯过马路，要是突然冲出一辆车怎么办？晚上放学了早点儿回来，早点写完作业多看看书。"看来，下学期自己得申请住校了，否则这样一直听妈妈的唠叨，总有一天耳朵会长茧子，楠楠心想着。

爸妈送给楠楠的话

爸妈能不总是唠叨，几乎是所有孩子的愿望。你们在成长过程中总会做错一些事情，而爸妈为了纠正你们，监督你们不要误入歧途，所以总要唠叨几句。不过在你们看来，可能最怕的就是爸妈的唠叨了。有可能你们认为，爸妈最喜欢的就是唠叨：作业没写完——唠叨；考试没考好——唠叨；没收拾房间——唠叨。总之，你只要哪里没做好，就会听见爸妈的唠叨，甚至就连早饭少吃了几口，爸妈也会唠叨。我们可以想象，当爸妈在唠叨的时候，你一定想找个地缝钻进去，你甚至会想：要是爸妈不唠叨该有多好。

还有的孩子对于爸妈的唠叨，就当是耳边风，左耳进右耳出，我们怎么说都没用，结果你们一点儿都没听进去。爸妈唠叨是为你们好，有时候你们的确错了，爸妈才会唠叨你们，虽然这样的方式让你们反感，但爸妈确实在担心你们。有的时候，爸妈会让你多穿点儿衣服，结果你没多穿，晚上放学回来感觉降温了，这时就知道爸妈为什么让你多穿衣服了。你要明白，父母总是对你好的。

爸妈给楠楠的建议

青春期的孩子最讨厌唠叨，你们不爱听重复的话，就像你们不喜欢看反复放映的同一部电影，不爱吃没有变化的菜一样。但通过爸妈的观察，不可否认现实生活中确实有一些孩子是"马大哈"，常常丢三落四，当面答应得好好的事情，一转身就忘得一干二净。还有的孩子则是我行我素，爸妈说他们的，他做自己的。有时候明明爸妈的意见正确，但孩子就是不理不睬，或者当耳边风，听不进去，这也就难怪父母会唠叨。因此，孩子，以后再听到爸妈唠叨的时候，你要认真倾听，因为那就是爸妈的心声。

1.仔细辨明爸妈唠叨中的真意

孩子，你可以想想你们的老师，每当讲到知识的难点或重点的时候，是不是也会习惯性地重复一次？那么，爸妈唠叨重复的也正是你们生活中的"重点"和"难点"。比如，爸妈会提醒你好好学习，不要"早恋"；提醒你们不要交品德不好的朋友；提醒你放学后不要在外面逗留太久，以防止交通事故；提醒你尊敬师长，团结同学；等等。这些唠叨对你们的生活学习、做人做事都有很大的好处。

2.与爸妈多沟通，"堵住"爸妈唠叨的嘴巴

当然，要想堵住爸妈唠叨的嘴巴，最好的办法还是与爸妈多沟通。爸妈说得对，就表示赞成照办；若是说得不对，就与爸妈商量甚至指正，让爸妈也明白你的想法到底是怎样的。

不过，有时即使你表现不错，但爸妈总是要再三叮嘱、重复。这时候，你需要考虑，爸妈是不是对你其他方面不满意，或者平时你与爸妈沟通太少，以至于他们对你一些事情仍然不放心。试着与爸妈多沟通，聊你对一些问题的看法，聊你对唠叨、啰唆的不满，或许这样爸妈就会察觉到自己的问题。如果爸妈仍然控制不住自己，当他们下次再说的时候，你就提前说出他下面想要说的话，他就会明白，你已经听进去了他之前说过的话。

为什么会对某位老师产生讨厌的情绪

💬 **青春期男孩的困惑：为什么总是讨厌数学老师?**

一直以来，楠楠对班里的数学老师就不怎么感冒，具体原因他自己也说不上来。新学期开始，原来的数学老师调走了，新来的数学老师是一个40岁左右的中年男人，穿着很邋遢，楠楠眼里满是不屑。

上第一节课，楠楠只听老师讲了半节课就听不进去了。他悄悄地从抽屉里拿出自己喜欢的武侠小说，故意把数学书竖立在课桌上，再将武侠小说夹在里面，专心地看起了小说，根本不理睬那在讲台上滔滔不绝的数学老师。正在楠楠看得津津有味的时候，他没发现数学老师不知道什么时候站在了自己的身后。老师直接伸手取走了楠楠的小说，很严肃地说："我希望你在我的课上不要看其他的书籍，否则一律没收，这位同学，你的这本小说先寄存在我这里，你随时可以来取，但你最好找一个合适的理由，否则我是不会还给你的。"楠楠一阵懊悔，那可是自己向同学借来的小说，他心里觉得很气愤，就更加讨厌这位新来的数学老师。

以后，每到数学课，楠楠就心里不舒服，这种讨厌老师的心理让他觉得心里很烦躁，课也听不进去。上课的时候，老师提问，他从来不举手，即便是老师点名让他起来回答问题，他也只用一句"我不知道"搪塞过去。对老师布置的作业，他从来都是马虎应付，字迹潦草，答案也是乱写，结果经常被数学老师当堂批评。但数学老师的批评并没有让楠楠自我反省，而是越发激起了他的逆反心理：我就偏不喜欢上数学课，看你拿我怎么办。

这天，楠楠正对着自己的测验试卷发愣，没想到考了一个史上最低的数学分数，怎么跟爸妈交代呢？这时，数学课代表走过来了，他说："楠楠，数学老师找你，他在办公室呢。"楠楠一路上都在想数学老师会怎么责骂自己，但是没想到到了办公室，数学老师一改严肃的面孔，而是笑着说："怎么样？小伙子，跟我处处作对，最后吃苦头的是你自己吧。我了解过你的数学成绩，虽然不怎么样，但还不至于这么差，只要你能专心听课，认真完成我给你布置的作业，我向你保证，你的数学成绩会提升的。"这，这是真的吗？楠楠看看这位自己很讨厌的老师，突然之间，他讨厌不起来了。

爸妈送给楠楠的话

有时候你会想，为什么我总是那么轻易地讨厌某位老师呢？其实，处于青春期的你们认知上有很大的不足，你们往往会因为一个很小的原因就讨厌某位老师，以至于成绩一落千丈。楠楠不喜欢数学老师，主要在于自己的数学成绩不怎么样，对数学的惧怕和厌恶心理，不知不觉间就转移到了老师身上，于是每到数学课的时候，心里就会产生一种抵触情绪，到最后，自己的数学成绩越来越差。还有的孩子仅因为装扮、说话语气、长相而讨厌老师，这样的认知和判断方式是错误的，因为评价一个老师的标准在于其教学水平。孩子，爸妈要告诉你，不要盲目、轻易地评价一个人，特别是你们的老师，老师是值得尊敬的，因为他们教给你们知识、教你们成长，千万不要因为一点点小事就厌恶老师，否则到最后吃苦头的是你自己。

爸妈给楠楠的建议

几乎每个孩子在学生时代都会有自己喜欢或不喜欢的老师，自己喜欢的老师，上课就特别愿意听，这就是爱屋及乌的道理；而对于不喜欢的老师，则因为讨厌他这个人而讨厌他的课。但是当你仅因为不喜欢老师，就导致自己的成绩下降，荒废了学业，这值得吗？

1.克制自己青春期的叛逆行为

青春期是一个叛逆的时期，你可能会因为某方面的原因而不喜欢老师，甚至专门与老师作对。这就是心理叛逆的一种表现，在男孩身上表现尤其突出。你可能因为上课不认真听讲，被老师训斥了一顿，就觉得失去了面子而憎恨老师，进而想报复老师，于是做出一些不理智的行为。

青春期的叛逆是比较正常的，关键需要你克制自己的这种心理，因为这是一个成长的关键时期，稍有不慎就会误入歧途，人生也将是另外一番模样。孩子，不要给自己制造错误的机会，千万不要把老师的批评当成讨厌老师的理由，如果你真的有错在先，那么老师的批评就是合情合理的，你所需要的是好好改正。

2.即使不喜欢某位老师，也要专心听课

爸爸的初中时代，也曾因为不喜欢当时的语文老师，一时冲动与老师作对，结果整个初中语文都不及格。到了高中，这样的情况愈演愈烈，即便我想补回那些失掉的语文课也于事无补，最终，爸爸高考因为语文成绩的失利与理想中的大学失之交臂。试想，如果我当初能够及时地认识到自己思想上的错误，即便不喜欢语文老师，也要把语文学好，那么现在我就不会留下遗憾了。

当然，我的往事已经过去了，不能弥补了，但是爸妈希望你能够吸取教训，与老师赌气本身就是一件十分不理智的事情。无论你不喜欢老师的哪一方面，但他毕竟是教给你知识的人，也是你成长道路上的帮助者，所以你需要克制自己的情感，尊重老师、认真上课、好好学习，这或许也是改变你与老师之间关系的一个方法。

有代沟才需要沟通

💬 **青春期男孩的困惑：如何跨越代沟？**

十一假期到了，楠楠把作业写完就陷入了无聊之中，整天在电脑上与远在上海的堂哥聊天，昨天晚上，堂哥热情邀请楠楠去上海玩。楠楠兴奋之下把这个消息告诉了妈妈，妈妈以为楠楠是闹着玩的，就笑了笑说："去什么，去了给你堂哥添麻烦。"楠楠却执意说："我真的想去，在家里待着好无聊，再说我也这么大了，可以一个人出去走走，看一看这个世界，你不是常跟我说要'行万里路'吗？"妈妈解释说："之前那么多个假期都没听见你说无聊，你年纪还小，现在不能去，妈妈怕你上当受骗，等你长大了，爱去哪里就去哪里。"楠楠看着妈妈坚决的表情，心里充满了失望："长大了，总是说长大了，可我现在已经长大了嘛。"妈妈根本没有理睬他。

晚上，全家人一起吃饭，楠楠鼓足了勇气，再次向爸妈说道："堂哥让我去上海玩，我想去，你们觉得怎么样？"爸爸看了看楠楠："你堂哥什么时候跟你说的？"楠楠觉得有说服爸爸的机会，他有点儿兴奋："昨天晚上，爸爸，你答应我去不？帮我说服妈妈吧。"妈妈脸色很不好看："我是不许你去的。"爸爸温和地说："你堂哥今天给我打电话说这事情了，他说让你出趟远门，锻炼锻炼。"

听了爸爸的话，楠楠心里又燃起了希望，可他不知道该怎么说服妈妈。爸爸在一边眨眼说："其实你妈妈不让你去，只是担心你，并不是管着你。"

楠楠明白了，将心比心，肯定能说服妈妈，他说："妈妈，我这个年纪也不小了，该懂的我都懂，出去锻炼一下再好不过了。妈，你就让我去吧。我手机二十四小时开着，你想我了，就打电话给我，我有什么事情也会打电话给你们的。堂哥说他在火车站接我，你们把我送上火车就可以了。"妈妈没有吱声，楠楠又说道："我知道你很担心我，可我已经不是小孩子了，我已经长大了，上次你的脚扭伤了，我还照顾你呢。"

爸爸适时说道："你也知道楠楠，他是个挺聪明的孩子，一定不会轻易上当受骗的，他堂哥也再三保证好好照顾他，就让他去吧，当一次成长的机会。""是啊，经过这次我就完全是男子汉了。"楠楠再次附和道，妈妈叹了口气道："真说不过你们俩，去是可以，但千万要注意安全，否则下次就没有这么好的机会了。"楠楠跳起来，忍不住抱了妈妈一下。

爸妈送给楠楠的话

爸妈与孩子之间的代沟其实就是：爸妈总把已经长大的孩子当作"小孩子"，而孩子则会一再强调自己不是小孩子，已经长大了。针对这个矛盾，延伸出爸妈与孩子之间存在的许多争论。小时候，你什么都听爸妈的，做任何事情都与爸妈商量，但是随着年龄的增长，你开始变得叛逆起来，说话做事总是与爸妈对着干，不知不觉与爸妈之间有了一条难以逾越的鸿沟。爸妈会埋怨，孩子越大越不听话，而你则总会觉得爸妈什么事情都管着自己，限制了自己的自由。在这样的情况下，如果不及时改善与爸妈之间的关系，将会影响今后亲子关系的健康发展。

爸妈给楠楠的建议

孩子慢慢长大了，在价值观和对事物的认知上总是与爸妈存在着不一样的看法，爸妈认为很珍贵的东西，你常常不屑一顾；而你认为很重要的东西，爸妈却不是很在意。其实，所有的爸妈都是一样的，他们都希望把最好的东西留给孩子，但有时候作为孩子的你们却不认为那就是最好的，这就是你与爸妈之间的价值观冲突，也是代沟产生的原因之一。

1.你与爸妈之间代沟产生的原因

你们正处于青春期，生理上的成长本能地赋予你心理上的反抗，而这样的反抗进一步促使你渴望独立和成熟，促使你与爸妈分离。但是面对着你们的成长，爸妈却难以转换角色，我们总是站在你的立场上思考问题，担忧你的成长和发展。不过，你千万要记住，爸妈做任何事情都是为了你好，你应该学会体谅爸妈的一片苦心。

2.如何与爸妈沟通

孩子，你要学会理解爸妈，在你与爸妈之间架起理解的桥梁。当然，沟通需要双方共同努力，你要主动亲近爸妈，努力跨越鸿沟，与爸妈携手同行。遇到事情，学会和爸妈商量，商量是沟通的过程，可以有效地减少彼此之间的冲突。彼此了解是沟通的前提，尊重、理解是最关键的，你可以进行换位思考，尝试理解爸妈的一片苦心。

当然，与爸妈沟通也是需要讲究艺术的，你不妨幽默一点儿，让爸妈在欣喜之下接受你的意见。当爸妈跟你说话的时候，要学会认真聆听，这样可以让爸妈感到你的诚意。有时候，你也可以帮助爸妈，做一个小小男子汉。在与爸妈的交往过程中，不需要太计较，要学会宽容。

第08章
积极参与社交活动,做一个受欢迎的少年

随着年龄的增长,你们的交际范围开始慢慢扩大,因此在这一时期,你们要学会如何与人交往。可能由于你们的羞涩,也可能由于对人际交往的恐惧,许多青春期男孩在与他人交往时迈不开脚步,整个人局促不安,最后导致交际失败。其实,作为青春期男孩,应该交往有礼,建立快乐和谐的人际关系。

打造口碑，做同学们都愿意信任的人

💬 **青春期男孩的困惑：如何让同学信任自己？**

参加了几次集体活动，楠楠的交际能力得到了大大提升。在高三上学期，他主动请缨当上了班里的副班长。经过半学期的工作，楠楠觉得自己表现还可以，学期末的评优应该是没问题的。但是，前天班会课的投票评优却让楠楠感到很是郁闷和迷茫。班里一共44票，班长得了29票，楠楠却只得了6票。楠楠一下子觉得问题严重起来，他觉得十分伤心，原来同学们并不信任自己。

在下课之后，楠楠得知自己的好朋友小柯也投了班长后，他更伤心了。因为小柯是自己最信任的朋友，没想到他却这样对自己。一直以来，楠楠都是一个很要强的男孩，成绩在班里是前10名，跟班主任关系也不错，在学校里也是学生会副会长，有很多认识的人，但他觉得最困难的就是跟班里的同学打交道。不过，他根本没想到票数会如此惨不忍睹，他很想知道自己究竟怎样做才能继续留任，才能赢得同学们的信任。这次的投票结果让楠楠开始重新审视自己与同学们之间的关系，想到还要面对同学，他只能把心事藏在心里，对同学依旧笑脸相迎。不过他有时候没有把握，不知道自己该以什么样的姿态来面对同学们，才能获得他们的信任。

楠楠茫然地走在校园里，不知道该怎么办。这时，小柯快步走了上来，他有些小心翼翼地问："你还在怪我吧。"楠楠摇摇头不说话。小柯说道："其实，我很早就应该跟你说，你做副班长这段时间，活动办得多，工作也卖力，但很多时候，你忽略了同学们的感受，对同学们不够关心，所以同学们才渐渐地失去了对你的信任。"听了小柯的话，楠楠陷入了沉思，一遍遍回想自己工作时的情景。

💬 爸妈送给楠楠的话

孩子，你慢慢长大了，你的人生中开始出现了一些颇有分量的词，诸如信任、责任，等等。今天，爸妈就跟你聊一聊信任。什么是信任呢？信任就是：不怀疑，认为可靠。有教育家曾说过："对人的热情，对人的信任，就如同爱抚和翅膀赖以飞翔的空气。"生活中，人与人之间的交往，信任是最基本的前提，也是彼此之间沟通的钥匙，更是建立良好友谊的桥梁。最近你总是唉声叹气，回来总说"同学对我不够信任"。孩子，信任是相互的，或许在你与同学之间真的出现了一些问题，可是，这时候你是否反思过自己的行为呢？

💬 爸妈给楠楠的建议

孩子，你的性格比较好强，总是以自我为中心来判断和处理事情。有可能在班级工作中，你总是希望和要求同学们像你一样，把所有心思放在同学之间的互相协作上。虽然你的出发点和为同学着想的想法是好的，但是你没有尊重个体差异以及不同人的追求目标、性格特点以及为人处世的方式，让同学感觉你不怎么在意他们的感受。因此，他们渐渐地失去了对你的信任。那么，你该如何补救呢，怎样才能获得同学对你的信任呢？

1.学会自律

你需要学会换位思考，遇事多为别人着想，尽量照顾其他人的利益。同时要不断地看到同学们的优点，学会赞美同学，在向同学们提意见的时候，多用"如果"，以假设的口气提出，这样会更容易被接受。

2.更好地服务于同学

班级干部的工作就是更好地为同学服务，与此同时，你要用自己的真心和诚意来协调同学之间的关系。学会主动与同学沟通，不要把矛盾放在心里，更不要有冲动行为。遇到矛盾时要心平气和地把自己的想法说出来，诚恳地与对方谈心。

3.关心每一位同学

在日常生活中，我们都有这样的体验，当自己被他人关心、关注的时候，心中就会有一种倍感温暖、倍感安全的自信和快乐。一样的道理，当同学们遇到困难和阻碍的时候，你应该主动伸出援助之手去关心、帮助、问候和体贴他们，那么同学们也会以同样的方式对待你，时间长了，你们自然会形成一种友好、亲密的朋友关系。

从小就要懂得"礼"多人不怪

💬 **青春期男孩的困惑：有必要跟每个人打招呼吗？**

从小，爸妈就教导楠楠要懂礼貌，平时见到人要好好打招呼，而且应冠以称呼，诸如叔叔、阿姨、爷爷、奶奶。那时候楠楠特别乖，家里来了客人，爸妈介绍的时候，他总会亲热地叫上一声"叔叔，您好""阿姨，您好"，然后主动端茶递水，有时候还会拿着爸爸的香烟，向在座的叔叔敬烟。不过，楠楠好像是越长大越无"礼"，似乎完全忘记了应有的礼节。

步入青春期的楠楠虽然个头很高，却日渐羞涩了。家里偶尔来了客人，楠楠总是一声不响地进自己的小房间，一个人看电视，或者摆弄自己的玩具。如果爸妈要求楠楠见见客人，他总是推辞："那是你们的朋友，我有什么好见的。"就连最起码的称呼，楠楠也省略了。对此，爸妈总是叹气："这孩子，真是越大越不懂礼貌。"

那天，楠楠与爸爸一起等车，正好姚雪和她妈妈也在等车，楠楠虽然早就看见了，但他装作没看见，也不打声招呼。爸爸一抬头看见了姚雪母女，便热情地打了招呼："姚雪，你也在和妈妈等车啊。"姚雪点点头："是啊，张叔叔，早上好！"姚雪妈妈也打招呼："老张，好久不见了，你也陪着儿子等车呢？之前就听雪儿说她跟楠楠一个学校、同一年级，我最近工作忙，也没顾得上来拜访你们。"原来，姚雪的妈妈以前是爸爸的同事，两家关系颇有些渊源。爸爸用胳膊肘碰了碰低着头看马路的楠楠，低声说道："你在干什么呢？

你同学在那边呢，也不打个招呼？"可无论爸爸怎么说，楠楠都不开口。

晚上吃饭的时候，爸爸说话了："张楠，我发现你越长大越羞涩啊，堂堂一个男子汉，怎么害羞得像一个小姑娘？"楠楠不服气地说："我什么时候像一个小姑娘了？"爸爸脸色变得严肃起来："你啊，这么大个人了，见到人也不打声招呼，一点也不懂礼貌，还不如小时候。""难道每见到一个人都要打招呼吗？"楠楠反问道。在一边的妈妈说话了："那当然了，这是礼节，如果你见到别人，莽莽撞撞不打招呼，别人就会评价'这是一个不懂礼貌的孩子'。所以啊，在交际活动中，你更要以礼服人了。"以礼服人？楠楠陷入了沉思。

💬 爸妈送给楠楠的话

虽然你从小就被教导要懂礼貌，尊敬师长，但长大之后，你却可能变得害羞了，自己的言行却渐渐偏离了这个轨道。不仅如此，有的孩子情况变得更糟糕，他们变得满口脏话，在学校见到了老师也是绕道而行，只为了不跟老师打招呼。这时候，你已经不是当初那个懂礼貌的孩子了，而成了一个无礼的少年。爸妈记得你小时候是一个懂礼貌的孩子，见到人就会称呼"叔叔""阿姨""爷爷""奶奶"，很讨人喜欢，但现在你怎么变成了一个不懂礼貌的孩子呢？千万不要觉得自己长大了就不用跟别人打招呼了，不要以为"懂礼貌"只是孩子的行为准则，任何人都要懂礼仪，这样才能获得他人的尊重。

现在的你们长大了，慢慢地融入了日常的交际生活，有时候甚至要一个人参加某种社交活动，爸妈不会在身边陪着你了。在这样的情况下，作为一个青春期的男孩，更应该把"礼"字当头，待人接物彬彬有礼，以此博得大家的好感。

💬 爸妈给楠楠的建议

自古至今，人们都认为懂礼仪是一个人最基本的素质之一。所以在很多时候，人们判断一个人是否值得信任，是否有锦绣的前程，往往会依据他言行中表现出来的礼仪。

1.老师同学更喜欢懂礼貌的孩子

在生活中，有的孩子面对老师满脸羞涩，也不主动开口打招呼；有的孩子听老师讲话，东张西望，不屑一顾；有的孩子出口就是污言秽语。爸妈看到这样不懂礼貌的孩子实在很痛心，因为通过一个人的言谈举止，就可以看出他是否有良好的修养。我们希望你能够成为一个有礼貌、有修养的孩子，获得老师和同学们的喜欢。

2."彬彬有礼"是你进入社会的最佳名片

在日常交际中，每个人都希望受到大家的喜欢，获得他人的好感。实际上，当你还在苦思冥想如何才会受到大家喜欢的时候，你可能恰恰忽视了最基本的东西，那就是有礼貌。礼貌不仅会成为你现在受欢迎的有力帮手，还会不断地为你的人际关系提供帮助，即使在成年之后，你也一样会感觉到礼仪的重要性，因为"彬彬有礼"是你进入社会的最佳名片。

孩子，就从现在开始吧，从自己的言行上下功夫，告别不文明的行为，做一个懂礼貌的好孩子。

3.青春期男孩应该成为"彬彬有礼"的少年

那么，如果你想成为一个彬彬有礼的少年，该如何去做呢？首先就是需要培养自己美好高尚的心灵。文明礼貌虽然是外在的行为，但却是内在思想和情感的自然表露。真正有礼貌的人一定拥有良好的修养，美好的语言来自美好的心灵。另外，在实际生活中还需要规范自己的言行举止：谦虚礼让、谈吐文明、举止端庄、温文尔雅。只要你能把自己的礼仪融入生活中，你就会成为有礼貌、有修养的男孩。

和陌生人交流是锻炼胆量的好机会

> 青春期男孩的困惑：要不要和陌生人说话？

星期天上午，爸爸妈妈都出门了，楠楠晃晃悠悠地起床了，洗漱完毕之后，惬意地躺在沙发上看电视。正在他看到精彩剧情的时候，门铃响了，楠楠很疑惑："难道爸妈出门忘了带钥匙？"透过门镜，楠楠看见一张陌生的面孔，楠楠有些惊讶，隔着防盗门问道："请问你是谁？"眼睛里满是警惕，那中年男子笑着说："你是楠楠吧，我是你爸爸的同事李叔叔，你爸爸在家吗？"李叔叔？楠楠想起了爸爸经常提到的名字，他又试探了一遍："您是李岩，李叔叔吧。"李叔叔点点头。楠楠不放心，对李叔叔说："爸爸和妈妈出门买东西去了，一会儿就回来，您先等一会儿，我给爸爸打个电话，让他快点儿回来。"楠楠在电话中与爸爸核实后，开门邀请李叔叔进了房间。楠楠坐在沙发上与李叔叔聊了起来，他还跑进书房拿了爸爸的香烟，递给了李叔叔。

他们正聊得高兴，爸妈回来了，李叔叔与爸爸寒暄了几句，李叔叔就夸起了楠楠："这孩子真懂事，很会招呼客人，而且说话有条有理，我们从来没见过面，他先核实，再开门让我进来，对陌生人就应该这样。""哪里哪里，他以前也很羞涩的，见到人也不说一句话，这阵子才好了一点儿……"爸爸一边微笑看着楠楠，一边与李叔叔讲起了话。

楠楠跑进厨房，想看妈妈在弄什么好吃的。妈妈笑着说："李叔叔夸你呢，你这次做得真不错"楠楠心里得意极了。

💬 **爸妈送给楠楠的话**

现实生活中，许多孩子见到陌生人就会满脸紧张、焦虑，因为他们从小就被教育"不要和陌生人说话"。孩子从小与爸妈相处，长大之后也就是多了同学和老师，在有限的交际圈子里，他们接触的陌生人比较少，不可避免地对陌生人多了戒备。有时候看见了陌生人，总会因心中胆怯而不敢开口，不然就是结结巴巴，说不出几句话。这样难免会被人评价"这孩子，连话都说不好""现在的孩子，一点也不擅长交际"。其实人际交往就是这样，许多人都是从"陌生"到"熟悉"的，并不是说所有的陌生人都是坏人，也不是说所有的陌生人都是好人。但无论如何，我们在面对他们的时候，应该做到轻松不紧张。如果对方怀有不良企图，我们应保护好自己；如果对方是值得交往的朋友，我们应给对方留下好的印象。

💬 **爸妈给楠楠的建议**

青春期的男孩应该学会交际，特别是与陌生人的交际，这是一项必备的技能。因为当你成年之后，不可避免地会接触到越来越多的陌生人，你的生活圈子不再是爸妈、老师、同学那么简单了。在纷繁复杂的社会交际中，轻松地与陌生人交流，能够让你的生活、工作更加顺利。

1.青春期男孩如何与陌生人轻松交流

在与陌生人接触的时候，你需要做的就是消除彼此之间的距离感，缓解内心的紧张情绪，放松心态，把对方当成朋友，平等地对待，主动找到共同的话题，这样就没有了陌生感，也可以培养亲近感。当你这样做了，你会发现与陌生人交往并没有想象中的那么可怕，只要你鼓足了勇气，勇敢说出第一句话，接下来就轻松多了。

如果你遇到的陌生人对你怀有不良企图，可以用轻松的状态与之接触，化解对方的戒心。等对方完全放松下来之后，再找机会摆脱对方，或者找机会报警。总而言之，在面对陌生人的时候，要学会自我保护。

2.与陌生人轻松交流是一种能力

随着时代的发展，我们的社交习惯和方式也发生了变化，在日常生活中，一些陌生人逐渐成了合作伙伴，交际应酬也成了生活中不可缺少的环节。因此，从现在开始，你们要学会大方地与陌生人交流，这是在锻炼你们的交际能力。

很多时候，不要固执地把"不要和陌生人说话"当社交口号。否则时间长了，你与陌生人接触时就会变得不自在，心理上就会变得焦虑，这样的情绪会让你变得内向，而且影响到你以后的工作和生活。

勇敢参加各种有意义的活动

> 💬 **青春期男孩的困惑：参加活动可以提高自己的人际交往能力吗？**

这天，楠楠一回到家，妈妈就问："你们学校要举办化装舞会？"楠楠一边将书放下，一边回答说："你怎么知道？妈妈，我发现你的消息还真的灵通啊，我在学校的事情，你基本上都知道。"妈妈开玩笑地说："你可别把妈妈想成什么整天监视你，打听你的消息啊，你同学小柯刚打电话来，他问你在不在，就聊了那么一两句。听小柯说，你没打算参加化装舞会？"楠楠头也不抬："嗯，化装舞会有什么意思啊，再说了，我也不会跳舞。"妈妈一边把菜端上桌，一边说道："化装舞会怎么会没有意思呢？我们读书的时候，最盼望的就是参加化装舞会，可以借此机会认识好多新朋友。"说完，妈妈摆了一个身段，笑道："至于跳舞嘛，你不会，妈妈可以教你啊，到时候保准你会成为整个舞会上的亮点。"楠楠看了看妈妈，大叫一声："妈！不用这么夸张吧。"

吃饭的时候，妈妈再次向爸爸提及学校举办化装舞会的事情，爸爸表示鼓励："楠楠，我发现你的人际交往能力有点儿差，像你这样的情况，得多参加集体活动，认识更多的朋友，向他们敞开你的心扉，这样你的交际能力也就提升了。"楠楠有些质疑："爸爸，你没开玩笑吧，我可从来没听说过参加舞会可以提升交际能力。"爸爸笑了，说道："真的，当初我跟你一样，整天不怎么说话，后来参加了一次舞会，与你妈妈成为好朋友，话也渐渐多了起来。

你不知道，现在公司里的人都说我的口才好。"在爸妈的开导下，楠楠答应参加舞会，并当场向妈妈学舞。

在班级的化装舞会上，楠楠穿了一身王子的服装，再配以优雅的舞蹈，赢得了全场的掌声。在舞会结束后，还有不少女生慕名而来，男生则是纷纷夸奖："你真是了不起！""哪里哪里！"楠楠满脸兴奋，他觉得跟人说几句话也没想象中的那么难。而且，借着兴奋劲儿，他还邀请音乐老师跳了一曲。楠楠还说，这个晚上是他长大后说话最多的一晚。

爸妈送给楠楠的话

青春期的男孩应该学会拓展自己的交际圈子，除了班里的同学，你还可以结交一些新的朋友，这对于你日常的人际交往是很有帮助的。不过，如何通过合适的机会去认识一些新的朋友呢？其中，参加各种有意义的集体活动是一个最合适不过的方法，你在活动中可以随意与陌生的人打招呼，和对方进行亲切的交谈，成为好朋友。参加这些有意义的集体活动，不仅能够拓展你的交际圈，而且能够锻炼自己的交际能力。

爸妈给楠楠的建议

可能你比较惧怕与陌生人打交道，但在这个世界上，每个人都不是独立存在的，大家都生活在交际的圈子里。这就决定了你不得不尝试着与陌生人打交道，逐渐与陌生人成为朋友。而活动无疑是最佳的场合，气氛比较热烈时容易激起人们聊天的欲望。实际上，集体活动本身就是一种社交，通过参加有意义的集体活动，你可以结识一些新的朋友，学习一些新的知识，这对于你是很有必要的。

1.参加活动可以帮助你拓展圈子

在学校，与你有最多接触的就是自己的老师和班里的同学，以及同年级的同学，有很多人只是打过照面，没有真正接触，更别说成为朋友了。而学校举办的一些有意义的集体活动恰好为你提供了机会，你可以在活动中认识更多的同学，相应地也拓展了你的交际圈子。

2.参加活动可以有效提高你的交际能力

有的孩子比较羞涩，性格内向，交际能力较差，这就更应该参加一些有意义的集体活动。在活动中可以有效地锻炼你的交际能力，提升你的口才水平。

第09章
打造健康体魄,好男儿要身体强壮

青春期是身体发育的重要时期,每个男孩都要格外地珍惜、爱护自己的身体。每天需要保证摄入充足的营养,热爱运动,强身健体,保持健康的生活习惯。这样你才能健康顺利地度过青春期,成为一个真正的男子汉。

生活作息规律，不熬夜

💬 青春期男孩的困惑：周末可以玩个通宵吗？

有一段时间，楠楠迷上了电视剧《三国演义》，还真是越看越精彩。但爸爸要求他最好在周末看，平时上学的时候晚上只能允许看一集。虽然楠楠对爸爸的安排不是很满意，但还是只能按照爸爸说的去做，自己总不能在上学的时候通宵看电视剧吧。于是，楠楠把对这个电视剧的全部希望都寄托在了周末，希望周末能看个通宵。

到了周末，楠楠早早就把作业写完了。他选择了周六晚上看电视剧，他一个人坐在沙发上看电视，看到兴奋处还笑出了声来。爸爸知道楠楠喜欢看这个电视剧，嘱咐了他要早点儿睡，明天再看。楠楠当即答应，可等爸妈进了卧室，他就偷偷地把电视打开，调小声音，一个人看得不亦乐乎。快到12点的时候，楠楠觉得有点儿困，他去冰箱拿了罐可乐，喝了继续看，精神也慢慢地好了起来。就这样，楠楠看到早上六点钟，终于支持不住，睡倒在了沙发上。第二天爸妈起来，看楠楠倒在沙发上睡觉，就什么都明白了。爸爸忍不住说："这孩子！还真是偷偷地看了一个通宵，我倒要看看他周一怎么有精神去上学。"睡得迷迷糊糊的楠楠听到了爸爸的话，心里觉得纳闷，看了通宵电视，怎么会影响到周一上课呢？

没想到爸爸的话还真是应验了！楠楠睡到中午就醒了，又接着看电视。结果周日晚上睡得太晚，第二天早上，睡眼惺忪的楠楠在妈妈催促了好几次后才起床，起来之后也是哈欠连天。爸爸看着他，说道："你看吧，一个通宵熬过来，会影响到你第三天的精神状态，大清早的就犯困，还要上课呢，爸爸告诉你，这就是通宵后遗症。以后啊，无论是干什么，都一定要少熬夜，保证正常的休息，这样第二天才有精神。"听了爸爸的话，楠楠虽然嘴上没回答，但心里不得不承认是爸爸说对了。

💬 爸妈送给楠楠的话

男孩比较喜欢玩，而且常常是玩起来没有时间节制，看电视看到深夜，玩游戏也是玩到通宵，全然不顾自己的正常作息时间。但是，青春期一方面是身体正处于成长的关键时期，另一方面也是你学习的黄金时期。因此，健康有规律的作息计划对你们来说必不可少。虽然爸妈常跟你说"学要学得踏实，玩要玩得愉快"，但是玩的时候并不是毫无节制地玩，尤其是晚上不要玩到很晚，否则只会令你第二天精神很差，不仅影响你的正常休息和第二天的学习，而且会影响到你的身体健康。对此，爸妈建议你一定要保持健康的作息规律，不要熬夜。

💬 爸妈给楠楠的建议

规律、健康的作息习惯可以让你的身体得到充分的休息，补充精力，使你在学习时呈现出最佳的精神状态，这对于提高你的学习质量和学习效率都很有帮助。所以，青春期的男孩千万不要因为贪玩而混乱了自己的作息时间，在这一时期养成规律、健康的作息习惯，对你一生都有益处。

1.制作健康、有规律的作息时间表

在这里，爸妈为你制作了一张健康、有规律的作息时间表，希望能对你的作息时间有参考的作用。

早上六点半起床，喝一杯水，缓解清晨的缺水状态；七点至七点半，可以用半个小时的时间学习功课，或思考一些学习上的问题；七点半至八点半，是早餐及去学校的时间，早饭必须吃，因为它可以帮助你维持血糖水平的稳定；吃完早饭后步行上学，每天走路的人，比那些久坐不运动的人患感冒的概率低25%；在上午正式上课之前，再喝一杯水，课间注意休息，出去呼吸一下新鲜空气，不要长时间坐在教室里；午餐时间，饮食尽量丰富些，可以多吃点儿。

午餐之后可以适当小睡，这时大脑需要休息；下午进行正常课堂学习；放学之后可以进行适当运动，锻炼身体；晚餐不能吃太多，否则会引起血糖迅速升高，并增加消化系统的负担，影响睡眠；晚饭后可以看会儿电视，但要注意尽量不躺在床上看电视，否则会影响睡眠质量，引起近视；睡觉前洗个热水澡，有助于放松和睡眠；十一点之前，必须上床睡觉，因为充足的睡眠是保证健康的基本条件。

2.熬夜的坏处

有的男孩通宵达旦地玩乐，白天却在课堂上呼呼大睡，这样黑白颠倒的作息时间是极不利于健康的。一方面，会影响你的学习，学习效率下降，成绩直线下滑；另一方面，还可能引发一些疾病，如长时间看电视、作息不规律造成的睡眠不足、过度疲劳，会诱发癫痫病。

很多男孩在节假日生活无规律，熬夜、通宵上网，这对你的身体危害极大。孩子，你应该培养健康、有规律的作息习惯，不要长时间看电视、玩电脑，避免诱发各种疾病。同时要增强自控能力，控制玩耍时间，充分休息，保证足够的睡眠。

坚持运动，身体健康有活力

💬 **青春期男孩的困惑：缺乏运动为什么会经常生病？**

早上，楠楠刚到学校，就看见班里几个男生扶着一位同学出来，楠楠赶紧上前问道："出什么事了？"小柯回答说："小瑞生病了，感冒很厉害。"楠楠仔细看了看中间被扶着的那个人，还真是小瑞。小瑞是班里一位特别文静的男孩，平时就喜欢坐在教室里看书、写字，从来不出去玩，总是脸色苍白，经常因为生病而请假，这不，今天他又生病了！楠楠关心地问道："什么情况？严重吗？"小柯回答说："也就是流行性感冒，不过，他烧得比较厉害。"

楠楠目送着他们去了医务室，就回了教室，没想到班主任也在教室。楠楠坐到位置上去后，班主任讲话了："同学们，最近天气有变化，你们要多添加衣服，做好防寒工作，小心感冒。另外，课余时间多出去做些运动，打打球、跑跑步，这样可以增强你们身体的抵抗力。"原来是这样，没想到多运动还可以少生病，楠楠又明白了一个道理。

晚上回到家，楠楠看见爸爸在厨房里做饭，妈妈躺在床上睡觉。楠楠担心地问："妈妈怎么了？生病了吗？"爸爸回答说："你妈妈啊，她又感冒了，身体抵抗力太差了，总是轻易就感冒。"楠楠分析说："我觉得妈妈是缺少锻炼，平时除了上班就是待在家里，身体怎么好得了。像我这样，经常出去做做运动，打打篮球、踢踢足球，就不会经常生病了。"爸爸笑着说："那倒是，你说得挺有道理，以后啊，咱们得敦促你妈妈出去运动，增强身体抵抗力。"楠楠点点头："是嘛，像周末啊，我们可以出去爬爬山、打打球，那也是运动啊。"爸爸一边炒菜一边说："嗯，像你这样的年纪，更需要多运动，适当的运动可以帮助你们更健康地发育成长，还能增强身体的抵抗力。""我可是经常运动哦，在我们班，谁不知道我这个运动健将啊。"楠楠打趣地说。

爸妈送给楠楠的话

孩子，你们正处于青春期这一重要时期。也正因如此，你们的身体需要得到很好的锻炼，才能促进身体的健康发育与成长。你也许发现了，与你同龄的孩子，有的成了小胖墩，有的则一副风都能吹倒的模样，有的小小年纪就戴上了近视眼镜，还有的竟然成了小驼背。爸妈希望你能长成一个健康的阳光男生，而只有多运动才能铸就你健康的体魄。你们平日里学习紧张，这更需要健康的身体来支撑。在青春期这个活力四射的阶段，只有让你的身体迸发出无尽的力量，青春才会更显亮丽光彩。你循序渐进地锻炼身体、提高身体素质的同时，还能养成运动的良好习惯，而这个习惯将会使你永远受益。

爸妈给楠楠的建议

在休息日，你们没有了繁重的课业压力，这本来是出门运动健身的好日子，但许多孩子不愿意外出，整天待在家里玩电脑，还有的则喜欢睡懒觉，一到周末就一觉睡到中午，从来不吃早饭。平时又怕热又怕冷，不愿意运动。于是，假期之后，本来健健康康的小伙子长胖了好几斤，但个头却不见长。你们完全可以在学习之余进行适当的运动，这样可以提高身体素质，也可以培养良好的运动习惯。

1.缺乏运动的孩子容易生病

对于正处于长身体的青春期男孩，运动绝对是一个锻炼身体的好办法。

楠楠的同学小瑞就因为缺少运动，所以脸色苍白，身体很瘦弱，经常会生病，这将直接影响到学习和生活。很多青春期孩子缺少运动，身体素质很差，抵抗能力也差，使一些病毒、细菌很容易进入他们的身体，使本来就脆弱的身体更加不堪一击。而运动恰恰能够使你练就强健的体魄，提升身体素质，增强抵抗力，即使面对肆意横行的病菌，你的身体也可以毫发无损。

2.运动应适当，不宜过量

运动是一件好事，但凡事应有一定的度，过量了就成为影响身体健康的坏事了。运动可以增强你们的体质，有防病健身的作用，但过量的运动或运动方式不适当，也可能引起一些疾病，这是必须引起重视的。

有时候，在运动时过于紧张激烈或突然改变体位，以及长时间剧烈运动，都可能引起昏厥，主要症状是两眼发黑、呼吸困难、意识障碍等；运动过量或运动要领掌握不好，会引起头晕，还可能恶心呕吐，全身发软；剧烈运动之后还有可能引起哮喘；如果空腹运动且运动量过大，准备活动又不足，还可能引起腹痛。

许多男孩喜欢一些激烈的如篮球、足球之类的运动，这类运动危险系数比较大，稍不小心就会使身体受伤。所以，青春期男孩运动需要在进食之后进行，做好准备工作，掌握运动要领，运动时间不宜过长。只有进行适当的运动才可以铸就你的好身体，强健你的体魄。

多吃有营养的食物

💬 **青春期男孩的困惑：我还需要补充营养吗？**

越接近高三，学习越紧张，班里的气氛也异常紧绷。当然，为了备战高考，大家决定拼出自己的一切，而最基本的就是应该保持身体的健康。有了健康的身体，难道还怕艰苦的学习吗？为此，班里同学都写了自己的营养计划，楠楠对此倒没怎么在意，在他看来，自己身体倍儿棒，怎么还需要补充营养呢？

课余时间，楠楠去找小柯商量足球赛的事情，没想正看到小柯在喝牛奶。楠楠笑了："拜托，最英勇的前锋，你的身体已经够好了，怎么还在补啊？"小柯摇摇头，指着楠楠说："你错了，我们的身体正处于发育期，而现在学习又这么紧张，肯定需要补补身体啊！不然，等你迎接完了高考，铁定累垮了。"楠楠哈哈大笑，说道："没那么夸张吧，高考算什么，它拼的是脑力，就我现在这样的体质，打篮球、踢足球都没事儿，还怕高考？"小柯摇了摇头，说："正因如此，所以才要好好补，像你这样的身体，可能暂时没什么大碍，但如果长时间超负荷地学习、运动，迟早你会倒下来的。""唉！你太杞人忧天了。"楠楠实在不知道该说什么了。

晚上回到家，楠楠一眼就看见放在茶几上的两盒营养品，还有一箱牛奶。楠楠向正在厨房里忙碌的妈妈问道："妈妈，这是谁送的？"妈妈笑着说："谁会好心送你这样的礼物啊，这是我买的，给你喝的。""给我买的？

没事给我买什么补品啊。"楠楠很是奇怪，妈妈解释说："马上就高三了，你学习越来越紧张了，时间长了，我担心你身体吃不消。妈妈的任务就是要让你的营养跟上，这样才能考出好成绩来。""可是，我这样的身体还需要补吗？"楠楠始终觉得自己这样的身体已经够健康了。"怎么不需要？别忘记了，你还是一个孩子，身体还没发育完呢，这个时期最需要营养。妈妈解释说。楠楠想，既然妈妈都这样说了，那就听妈妈的吧。

💬 爸妈送给楠楠的话

青春期是身体发育的关键时期，也是人生最重要的一个时期。在这一阶段，你身体的每一个部位都在生长和发育，与此相应，你的身体需要足够的营养，只有充足的营养才能保证身体健康发育。或许你会想当然地以为自己身体很棒，根本不需要补充营养，甚至你认为在学校里喝营养品、牛奶，若是被同学看见了，会丢了男子汉的颜面。其实，你的这些心理爸妈都理解，但爸妈需要告诉你的是，在青春期，你的骨骼和肌肉发育比较迅速，在这样一个生长发育的时期，男孩对于营养的需求比较大。如果在这一时期，你的营养没有跟上，那么将会影响到你身体的正常发育。

💬 爸妈给楠楠的建议

在青春期，男孩对营养的需求量是这一生中最高的。这主要是因为此时男孩需要各种营养，以保证身体的正常发育。另外，由于男孩好动，经常参加课外活动，从而使你们的基础代谢增高、体力消耗增加，因此，也就需要更多的热量来维持身体的需要。

所以在平日，男孩需要摄取足够多的热量和蛋白质。当然，摄取食物时，在选择一些高热量、富含蛋白质食物的基础上，更要注意均衡膳食，以补充全面的营养。尽量做到荤素搭配、主副食搭配，每顿饭中食物种类多一些为好。

1.多吃富含钙、磷等矿物质的食物

在平时的生活中，男孩应注意多吃海产品、蔬菜、水果等，因为男孩在青春期骨骼发育较快，所以应该多吃富含钙、磷等元素的食物，如虾皮、海带、乳制品、豆制品，等等。

2.多吃谷类食物

处于青春期的男孩相对于女孩来说，食欲比较强，食量也比较大，尤其对谷类食物的摄取量是很大的。一般来说，谷类食物包括稻米、面粉、小米、玉米等。谷类食物是人体能量的主要来源，同时可供给一定量的蛋白质、无机盐和B族维生素。谷类食物是青春期男孩日常膳食的重要部分，据研究，13～17岁的青春期男孩每日进食的主食量不应少于500克，否则就会导致营养不良，出现身体健康方面的问题。

3.多吃新鲜蔬菜

男孩每天还应该摄取400～500克的新鲜蔬菜，以保证维生素、矿物质和纤维素的摄入量。有的男孩偏爱肉食，尤其喜欢快餐店里含高脂肪、高糖、高蛋白质的食品，如炸鸡、汉堡包、三明治、冰激凌等。长期食用这种快餐食品对身体有害无益。暴饮暴食也会伤害脾胃，影响其他食物的摄入，并且易引起肥胖，增加成年后患心血管疾病的概率。

4.多吃富含蛋白质的食物

男孩在青春期身体生长迅速，身体内各组织、器官、肌肉都在发育增长，所以需要大量的优质蛋白质，鸡肉、鱼肉、猪肉、牛肉、蛋、乳类食物等都是蛋白质最好的来源。也可以从大豆中摄取植物蛋白质，以保证每日蛋白质的需求量。

了解并学会预防青春期常见病

> 青春期男孩的困惑：在青春期，我需要预防哪些疾病？

上了高中，班里的"眼镜"越来越多，同学们都陆续戴上了眼镜，原来，在学习任务逐渐增加的压力下，同学们都近视了。令楠楠感到幸运的是，自己还没有光荣地加入"眼镜"行列。不过，防患于未然，看来自己得好好保护眼睛，否则近视了就不好了。虽然那些戴着眼镜的男生看上去挺斯文的，但就这样无故地给眼睛外来加一个屏障，肯定会不习惯，而且影响美观。楠楠可是坚决拒绝眼镜，不过，爸爸有言在先："你要不想戴眼镜也行，但你得保护好眼睛，晚上睡觉前不要躺在床上看书，看电视时不要太近。"爸爸那一句句嘱咐，楠楠可都是听在耳里，记在心里。

最近，班里正在筹备举办一个"健康青春期"的活动，希望能够借此机会向同学们宣传一下青春期的常见病。楠楠也是活动策划人之一，他查阅大量资料，顿时觉得很震惊，他感叹道："原来，近视也是青春期的常见病之一！"坐在旁边的小柯回答说："是啊，我也是刚看了资料才知道，我已经近视了。这个活动应该早点儿举办，我若是早知道近视也是病，那我就及时预防，说不定就不会严重了。""早知今日，何必当初啊。"楠楠打趣说，他知道小柯的近视是由于长时间用电脑而造成的。小柯笑了，说道："你就别笑我了，咱们还是好好查资料，把这个活动做好，让同学们免受青春期常见病的困扰。""好的。"楠楠一口答应下来。

在楠楠和小柯他们的积极筹备下,"健康青春期"活动办得很成功。通过这次活动,同学们知道了在青春期除了近视这样的常见病,还要注意脑炎、青春期高血压等疾病。在活动中,楠楠等人向大家介绍了预防这些青春期常见病的方法,下面的同学听得聚精会神,大家都称赞:"这次活动能够圆满成功,张楠和王柯这些策划人可谓功不可没。"

爸妈送给楠楠的话

在学校里,你或许会发现戴着眼镜的同学一个个多起来。在学习的压力下,再加上对自己的眼睛保护不够,渐渐地,眼睛看东西开始变得模糊,甚至有时候连黑板上的字都看不清楚了,我们称这样的现象为"近视",它是青春期常见病之一。孩子,你正处于青春期,身体正在发育,很多时候,在生活或饮食上,稍有不慎就会产生一些常见的疾病。男孩在青春期主要需要预防脑炎、近视、尿路感染、青春期高血压等疾病。爸妈现在需要告诉你,该如何预防和治疗这些青春期常见的疾病。

爸妈给楠楠的建议

青春期是从童年到成年的过渡时期,这一时期不仅身高和体重迅速增长,更多的是身体内部发生的变化。当然,在这一时期,由于你们身体机能尚不健全,一些病菌会无可避免地趁机而入,引发一系列青春期易患病症。实际上,青春期常见病不下60种,如龋齿、脑炎、近视、沙眼、贫血、蛔虫、营养不良,等等。这些都是青春期应该重点预防的疾病。

1.什么是近视

近视也就是以视近物清楚、视远物模糊为主要表现的眼病。近视多发生在青春期,遗传因素有一定影响,但其发生和发展与灯光照明不足、阅读姿势不当、近距离阅读较久等有密切关系。大部分近视发生在青春期的孩子身上，在发育成长阶段，近视度数逐年加深，到发育成熟以后不再发展或发展缓慢。

虽然遗传对近视也有一定的影响，但大部分近视病例都是来自青春期男孩用眼不当：近距离地看书或看电视，用眼时间过长，照明光线过强或过弱，在汽车上或走路的时候看书，躺在床上看书，睡眠不足，写字姿势不对，等等。

2.如何预防近视

培养正确的读书、写字姿势，不要趴在桌子上或扭着身体；看书写字时间不能太长，持续一个小时左右就需要短时间的休息；认真做眼保健操；多进行一些户外运动，如放风筝、打羽毛球。

另外，在饮食上还需要注意多吃些含维生素A较丰富的食物，如各种蔬菜、动物的肝脏、蛋黄等；还应该多吃含锌较多的食物，如大豆、杏仁、紫菜、海带、茶叶、奶类、肉类、动物肝脏等；另外还需要积极矫治和防止近视深度发展，如果你的眼睛已经近视了，要到医院去验光，佩戴度数适当的眼镜。

3.尿路感染和青春期高血压

青春期男孩需要注意自己的私密处的清洁卫生，否则还会导致尿路感染、生殖器感染病菌。另外，需要及时预防青春期高血压：了解自己的血压情况，以便及时发现，进一步确诊，并查明原因、及时治疗；在平时的生活中，注意劳逸结合，避免过度疲劳；保持情绪稳定，以免因为情绪波动而引起血压波动；适当锻炼身体，多做一些有益于心脏健康的锻炼，如游泳、跑步等；不吸烟、不喝酒，坚持良好的生活习惯。

第四篇 好男孩顶天立地，学习好也要品格佳

青春期的男孩，你应该像一个男子汉一样学习长大。要勇敢，而不要粗俗地莽撞；在困难面前，抬起头，昂起胸，勇敢地战胜它；坚强乐观，拥有高贵的品质；心胸开阔，能包容大海；有责任心、爱心、自信心、恒心、孝心，让自己的人生丰富起来。孩子，请努力成为顶天立地的男子汉！

第 10 章
努力学习,不荒废青春的每一寸时光

青春期是人生最关键的时期之一,也是人生的一个重要过渡期。青春期是学习的黄金时期,在这一时期,你们的身体、心理将发生巨大变化,智力更会积极发展。如果你能好好把握这一学习的黄金阶段,那么这一阶段将为你奠定未来成功的基石。

把压力化作动力,别放弃努力

青春期男孩的困惑:压力太大怎么办?

学习进入正轨之后,楠楠慢慢摸索出了自己的一套学习方法,每天合理安排自己的时间,在这样忙碌一阵之后,即将迎来第二次测试。同学们都非常慎重,楠楠更是感受到一些压力,因为上次考试的失利,他在心里一直有个阴影,虽然经过了这一段时间的学习,但他总担心自己的成绩不能恢复到以前的水平。在这样的担忧下,压力日益加重,楠楠开始怀疑自己的学习方法是否可行,他决定把自己所有的精力和时间都花在学习上。

楠楠学习的劲头似乎又回到了最初的状态,不让自己有一点儿休息,晚上看书看到深夜。早上,爸爸看着楠楠严重的黑眼圈,打趣道:"最近学习这么紧张吗?你看都有黑眼圈了,学习再紧张也要注意休息。"楠楠一直哈欠连连,都没搭理爸爸的话,就又去书房开始学习了。

由于晚上学习得太晚,白天上课也没有什么精神,楠楠的学习效率有所下降,他又开始担心自己的学习。晚上看书也看不进去,睡觉又会失眠,他总想着爸妈对自己的期望,这样想过之后,精神简直到了崩溃的边缘。

爸爸似乎看出了楠楠的压力,这天,他叫住正要回房间的楠楠,说道:"最近怎么了?看你好像压力挺大?"楠楠叹了口气:"压力能不大吗?马上又要考试,我看我是凶多吉少了。"爸爸说道:"没么严重,当初我高中的时候,也常常考试失利,但高考成绩依然不错啊,不要太在意成绩,你该做什么就做什么，你越是想，你的压力就越大，这样反而会影响你的成绩。"楠楠点点头，爸爸继续说道："楠楠，不要给自己太多的压力了，适当的压力是一种动力，可压力过大就会形成紧张的心理。相信自己的学习方法，越离近考试，越要注意休息，这样才能以最佳的状态来迎接考试，爸爸祝你能够取得好成绩。"听了爸爸的话，楠楠觉得自己浑身轻松了不少。

爸妈送给楠楠的话

孩子，你正处于升学阶段，爸妈知道你的压力很大。我们的期望、老师的期望、自己对自己的期望，都是强大的压力，它们像大山，沉重得使你透不过气来。对此，我们商量过了，关于你升学的事情我们不过问，我们只是默默地站在你背后，支持你，给你加油。但是，孩子，你也不要给自己太大的压力，凡事量力而为，只要自己尽力了，不管是什么结果，你都可以了无遗憾地说："我已经努力过了。"

爸妈给楠楠的建议

当然，作为一个即将升学的孩子，有压力是正常的。如果没有压力，你就没有动力，就不能促使你认真学习，不能促使你继续前进。因此，你首先应该承认升学给你带来的压力，不要逃避，而是应该正视这样的压力。

1.比起结果，更重视过程

孩子，看到你为了升学而努力，爸妈感到很欣慰，同时也感到很心疼。或许，你很在意爸妈的感受，把我们对你的期望转化成压力。但是爸妈需要告诉你：比起最后的结果，爸妈更重视过程。在升学这一阶段，你确实努力过了，那就已经足够了。

2.给自己的压力要适当

不要给自己太多的压力，给自己的压力要适当。一旦压力过大，就会造成精神紧张、心情低落、晚上失眠、白天精神恍惚，这样的状态是非常影响你的学习质量和效率的。

3.学会给自己释放压力

压力是一种外来的力量，控制着我们的精神和心理，这是我们无法掌控的，但是我们可以通过一些方式来化解它，消减它的消极方面，使其趋向于积极。所以，当你自己感觉压力太大的时候，不妨暂时脱离学习的状态，多参加一些户外活动，在大自然中散散心，或者邀几个好友一起打打球，这都是好的释放压力的方法。

压力就是精神上的一种紧张状态，如果你的精力暂时被另外一种活动占据，你就会放下心中的压力，投入到轻松愉快的活动中，使身心得到休息。这时你再回过头想那些学习的压力，你就会发现它已经没那么严重或可怕了，甚至已经变成了一种动力。

学习从来都是自己的事

💬 **青春期男孩的困惑：学习到底是为了什么？**

到了高三，老师天天挂在嘴边的就是"高考""大学"这些字眼，似乎那些事情就会发生在明天，班里的同学也都是聚精会神地听课、做练习。听小柯说，班里不少同学晚上学习到凌晨，而早上很早就到教室自习。听到同学们这样疯狂地学习，楠楠很吃惊，他想起了高二时班主任在课堂上所讲过的话："我希望在座的同学能够认清学习的目的，从现在开始努力学习，为最后的冲刺打好基础，两年后，我希望你们都能进入自己理想的大学。"这样拼命地学习，难道就是为了考一个大学吗？

中午休息的时候，教室里几个同学针对学习聊开了，小胖说："学习，就是为了考大学，为了那张大学文凭，毕业之后出来还不是挣钱？说到底，我们这样拼命地学习就是为了挣钱。""说得对啊，所以，我早就做好决定了，我打算只参加毕业考试，不上大学，回家帮爸爸做生意去。"班里成绩不怎么好的张军说道，大家都知道他家里开着三家店。一直沉默的小柯说话了："那你们怎么解释许多人成功之后，还回到学校里继续深造呢？"张军笑了，说："我猜他们是没事做，弄一张文凭来摆摆台面。""哈哈……"大家都笑了起来，听了大家的讨论，楠楠也怀疑自己一直以来坚持的东西是否错了。

晚上回到家，楠楠有些泄气地问爸爸："爸爸，读书是为了什么？"爸爸放下手中的报纸，反问道："今天你怎么突然问这个问题？"楠楠回答说：

"班里的同学都说读书是为了挣钱,既然都是为了挣钱,那为什么不现在出去挣呢?何必还到大学去浪费四年的时间。"爸爸解释说:"你现在出去能干什么呢?高中还没毕业,你还没有掌握足够多的知识和能力。读书并不只是为了挣钱,而是为了学知识,学习能不断地丰富你的人生,丰富你的心灵,将来作出更大的贡献。你所谓的'文凭',那只是一个功利性目的。"

爸妈送给楠楠的话

读书读了那么多年,到底是为了什么呢?很多时候你都在思考这个问题,百思不得其解。搞不懂其中的原因,你就无法真正地投入紧张的学习之中,对于之前设定的学习目标,你也开始动摇了。大家都在说"读书不过是为了一张文凭""读书出来,也是为了挣钱,活在这个世界上,难道没钱还能生存吗"。更让你不明白的是,许多读过很多书的人,一生过的却是清贫的生活。这让你觉得这个世界不公平,为什么会这样?难道真的是"百无一用是书生"?爸妈知道你一直在思考这些问题,也知道如果你不能及时明白这个道理,你将没有办法全身心地投入学习之中,那么,爸妈在这里给你一一解答这些问题。

爸妈给楠楠的建议

在现实生活中,有的孩子是为了脱离农村的贫穷而学习,有的孩子是为了那一纸文凭而学习,有的孩子是为了将来的"铁饭碗"而学习,有的孩子是为了升官发财而学习,有的孩子是为了好工作、高薪而学习。这样的学习功利性越来越强,每个人都显得浮躁不安,似乎处于青春期的你们也开始感到困惑,我到底为何而学习?

1.学习是为了谁

学习是为了谁?说得宏观一点,是为了国家,为了社会,因为你的所学都将会奉献给社会。即使你领着公司的薪资，但是你所贡献出来的知识与能力，最终是为了促进社会的进步。从微观说，学习是为了你自己，为了能有一个好的未来，就像你自己所说，为了那张文凭，为了毕业出来能找个好的工作，这是功利性目的。

但你不能忽视了另外一个学习的目的，那就是不断地充实自己。知识是无尽的，读书让无知的我们成为学识渊博的人。因此，学习的最终目的不是金钱，也不是文凭，而很大程度上是完善自我。知识可以充实你的生活，装点你的人生。通过学习，你可以学到许多做人的道理，怎么说话、怎么与人交际、怎么取得成功、怎么解决问题。

2.认清学习目的，端正学习态度

出于功利性目的的学习，只能使自己培养出浮躁的拜金主义的价值观，是学不到真本领的。而且这样的学习也是不稳定的，当你发现这方面的学习不能为你谋取经济利益时，就会转向其他方面。甚至到某些时候，只要能挣到钱，不管这样的工作适不适合自己，都硬着头皮去做，结果常常使自己事倍功半。

事实是，在学习的过程中，你的智力得到了挖掘，你的大脑得到了开发；在学习的过程中，你不断地变得聪明，变得智力超群；在学习的过程中，你还能感受到学习带来的愉悦享受、精神上莫大的满足。所以，当你进入青春期这一黄金学习时期，关键就是要认清学习的目的，这样才有利于端正自己的学习态度。

保持平常心，考试不焦虑

💬 **青春期男孩的困惑：如何面对考试的失利与成功？**

测试成绩出来了，楠楠成功跻身年级前十名之列。当他在密密麻麻的成绩报告单上发现自己的名字赫然列在前十名的时候，楠楠高兴得跳了起来，朋友小柯朝他竖起了大拇指，说道："看来，你这个月的学习没有白费，再接再厉哦，你现在可是我赶超的对象，千万不要骄傲，小心从高处摔下来。"楠楠还处于兴奋状态之中，也没多在意小柯的话。

回到家，楠楠兴奋地告诉爸妈："成绩出来了，我进了年级前十名，这可是我第一次发挥得这样好啊，妈妈，这顿饭给我庆祝庆祝吧。"妈妈笑着说："行啊，想吃什么？今天妈妈请客，你做主。"楠楠兴奋地跳了起来，爸爸在一边泼冷水："这才是本学期第一次测试，千万不要高兴太早了，不过有这样的成绩，爸爸恭喜你了。"

第一次测试之后，楠楠觉得自己现在的成绩算是有点儿稳了，就没怎么在意之后的复习计划。他还是按照之前的学习方法学习，不过状态明显地松弛了下来，他不再那么紧张地学习。每到晚上做练习，他都会偷懒，本来打算做五道题的，结果只做了两道题就睡觉了。

很快，迎来了第二次测试，不知道是楠楠学习方法不对，还是状态不集中。竟然出现了"滑铁卢"事故，之前，楠楠的成绩虽然不能名列前茅，但总是年级前十五名左右，这次甚至落到了三十名之外。而且朋友小柯的成绩进步了，自己却退步了。班主任把楠楠叫到办公室，说道："楠楠，我一直看好你呢，希望你能努力进入年级前五名，到时候重点大学肯定是没问题的，可你这次居然滑到了三十名以外，再这样下去，重点大学可就毫无希望了。"听了老师的话，楠楠心里一团糟，再想想自己之前的兴奋劲儿，难道这就是乐极生悲？

爸妈送给楠楠的话

在升学这一阶段，你们所遇到的都是大大小小的考试。你们的情绪总是随着考试成绩而忽上忽下，成绩提高了，你会变得兴奋异常，觉得自己升学有希望了；成绩下降了，你会灰心丧气，觉得自己的大学梦破碎了。本来这只是正常的情绪反应，但在升学这一重要阶段，你的任何心态都将影响你的学习。当你为成绩提高而高兴的时候，你会不自觉地放松学习；当你为成绩而灰心的时候，更没有精力好好学习。因此，在考试的成功与失利面前，你要端正自己的心态。所谓"胜败乃兵家常事"，无论这次是成功还是失败，只要你一如既往地努力，成功总有一天是会属于你的。

在即将升学的这一阶段，每分每秒都很宝贵，你根本没有时间去高兴、沮丧，你所需要做的就是以一颗平常心来面对考试的失利与成功。考试失利了，总结经验和教训，为下一次成功做准备；考试成功了，要提醒自己，或许这只不过是运气好而已，自己还需要更多的努力，才能保证运气会一直这么好。总而言之，对于考试，要以正确的心态面对。

爸妈给楠楠的建议

大多数孩子很容易在考试失利面前一蹶不振，陷入失败的痛苦之中，精神不振，整日为成绩而忧心。爸妈需要告诉你的是：失败并不能说明问题，没有到最后，谁也不能说你是不行的，从哪里跌倒就从哪里爬起来，要做一个铁骨铮铮的男子汉。

1.以正确的心态面对考试

范仲淹说："不以物喜，不以己悲。"一件事情只有两个结果，要么失败，要么成功，而我们所需要做的就是保持正确的心态。如果你的心态比较浮躁，那么在考试成功的时候，你会欣喜若狂，内心滋生出骄傲的情绪，甚至会放松自己的学习；但在面对考试失利的时候，你会灰心丧气，一蹶不振。

这样的心态是不正确的，你有可能会因骄傲而跌倒，也有可能因失败而灰心丧气。最好的心态就是保持一颗平常心，这样你会在成功面前保持谦虚的态度，在失败面前依然充满着信心。

2.不要太在意考试的失利与成功

仅凭考试的分数判断学生的知识、能力如何，是不妥当的。因此，如果你真的尽力了，就不要太在意考试的失利或成功，因为你所学到的知识是不能被那些冷冰冰的分数所代替的。

当然，考试的失败与成功只是一件小事而已，当你长大成人，你会发现生活中还有许多困难与挫折在等着你，到那时你回头再看，你会觉得考试真的是微不足道的。人生漫漫长路，不能总一帆风顺，总是有着这样或那样的挫折与困难，而你的生活中难免会有失败，这是必然的，而我们只需要学会接受。

每个人都要找到最适合自己的学习方法

💬 **青春期男孩的困惑：怎样总结出适合自己的学习方法？**

认清了学习的真正目的之后，楠楠开始投入到高三紧张的学习之中。每天早上，楠楠都起得很早，拿着书本在书房里低声朗读；在课堂上，楠楠认真听老师讲课，做好笔记；午休的时候，楠楠规定自己只睡二十分钟，然后做几道习题；晚上回到家，吃过饭之后，他就一个人躲进书房，做练习或者看书，一直到深夜。就这样学习了大半个月，楠楠觉得自己有些吃不消了：白天瞌睡迷离，就连课间十分钟他也能睡着；晚上不能好好地集中精神学习，脑海里总是一片混沌。难道是自己身体不行？楠楠听说，班里的同学都是这样学习的，怎么他们一点儿事都没有？

这天吃过晚饭之后，楠楠拖着疲惫的身体走进书房，妈妈心疼地说："先别急着学习，休息一下吧。"楠楠松了一口气，坐在椅子上，闭着眼睛就睡着了。"这孩子，最近这么拼命地学习，身体怎么吃得消？"妈妈心疼地说。旁边的爸爸回答说："我看他是没有找到适合自己的学习方法，总是这样盲目地学习，能行吗？不仅身体吃不消，而且效率极低。"

周末早上，爸爸叫住正要去晨读的楠楠，说道："楠楠，你不能盲目地学习，这样只会让你的身体很累，而且不见半点儿效果。"楠楠疑惑地问："可是，班里的同学都是这样学习的，怎么会没有效果呢？那他们经常熬夜，岂不是白熬了？"爸爸解释说："你不要认为自己把所有的时间和精力花在学习上，成绩就会提高，适合自己的才是好的学习方法，而且会使你的学习事半功倍。你呀，得总结出适合自己的学习方法，这样学起来才不累。"

后来，在爸爸的帮助下，楠楠总结出了自己的学习方法：把精力主要放在英语和数学方面，时间和精力合理分配，保证充足的休息时间。这样下来，楠楠觉得自己做完练习之后常常还有剩余的时间，于是他就找了一些文学作品来看，一方面可以放松自己，另一方面还可以提升自己的写作水平。

爸妈送给楠楠的话

在升学阶段，许多孩子每天一刻不停地学习，十分努力，收到的效果却很小，反而拖累了身体，使精神变得恍惚。学习需要靠巧劲儿，而不是蛮力。许多孩子认为，只要自己把所有的时间和精力都花在学习上，成绩肯定会进步。这样的理解是错误的，学习需要勤奋，但并不需要不辞劳苦、没日没夜地干活。如果你过度劳苦，把身体累垮了，到时候自然没有精力去学习了，岂不是得不偿失？

爸妈给楠楠的建议

每个孩子都希望自己能够有效地提高成绩，但事实情况是，只有正确的、适合自己的学习方法，才能有效提高学习效率，提升学习质量，最终促使你成功。很多时候，孩子们都是在盲目学习，看到同学们半夜三更还在学习，他也效仿；看到同学们四五点就起床背诵，他也照做。一种学习方法并不适合每一个同学，有的孩子天资聪慧，学起来很快，只需要花很短的时间就能达到与同学一样的水平；有的孩子总是要不断地巩固学过的知识才能记得牢。像这样的情况，前者学习所需要花的时间较短，后者学习所需要花的时间则比较长。如果两个孩子以同样的学习方法学习，那么恐怕只有一人能达到理想的学习效果。

1.适合自己的学习方法是自己总结出来的

当然,学习方法并不是一朝一夕就能摸索出来的,对于你们,学习是一个漫长而痛苦的过程。这个过程是一个逐渐探索的过程,不断地尝试新的学习方法,不断地改进自己的学习方法,长久下去,你就会摸索出属于自己的一套学习方法。适合自己的学习方法才是最好的,它可以根据你的自身特点、学习能力,高效利用有限的精力。这样,即使你只花了一点儿时间,也能抵过其他同学花上几倍的时间。

2.学习重要,休息更重要

好的学习方法是平衡了学习时间和休息时间的,有的孩子为了升学,整整一个学年几乎没睡过一天安稳觉,这样的学习方法是不恰当的。你们的身体正处于发育期,劳累之后的休息对你们来说尤为重要。每天除了好好学习,更应该好好休息。因为只有你休息好了,才能保证足够的精力来学习。反之,如果你没有休息好就开始学习,那么你的学习就会事倍功半。

第 11 章
确立人生志向,男儿奋斗从年少开始

青春期是男孩从未成年跨越到成年的一个过渡期,在这一时期,作为男孩,应该学会有目的地规划自己的人生。所谓"阳光男儿自有志向",树立远大的志向,你才能成功地扬起人生的风帆,更好地走向未来。

初步参与一些社会活动

💬 **青春期男孩的困惑：怎样通过社会实践活动了解社会？**

寒假的时候，楠楠每天早早把作业写完后就闲在家里看书、看电视。妈妈看着楠楠发愁，爸爸提议说："孩子现在长大了，在家里嘛，可以做做家务，可你现在都十七八岁了，应该到外面去吃吃苦，接触一下社会。"妈妈表示同意："这个方法好，前不久，我看到不少孩子在居委会里做社会实践活动，我看楠楠也可以去参加。"爸爸附和说："是啊，我见有的学校发了一张参加社会实践活动的表格，列举了各个居委会在假期为孩子们举办的各项公益活动，内容还挺丰富的，像清理楼道和绿地卫生、健康知识宣传、青少年读书会、为独居老人读报等，其实，我就是想让楠楠参加这样的活动。"

在爸爸和妈妈的建议下，楠楠邀了几个同学，挨个居委会打电话，希望能参加一些社会实践活动。后来，他们还真的找到了一项实践活动，是健康知识宣传会。楠楠和朋友小柯先去走访了这个社区的老人，了解他们身体的状况，然后结合老人的身体状况，查阅相关的健康知识。等到活动这天，现场来了不少观众，楠楠觉得有些紧张，小柯安慰说："没事，就把他们当自己的爷爷奶奶不就行了。"楠楠一听，这个主意好，于是，他试着将那些老人当自己的亲人，这样一想，他越讲越好，而且列举了自己身边的事例。活动结束后，有老人来询问相关知识，楠楠也是尽自己所能，详细地介绍给对方。最后，老人们都夸奖："现在的孩子真是又懂事，又孝顺。"

活动结束后，楠楠回到家瘫倒在沙发上，爸爸问道："很累吗？"楠楠点点头，说道："有点儿累，我以前很少参加这样的活动，整个活动从策划到开展，我都参加了。不过，我觉得这份累很值得，尤其是看到像爷爷那么大年纪的老人，还有像奶奶那样慈祥和蔼的老人，我就觉得很欣慰。跟他们说话，就像是拉家常一样，特别有意思，有个老人还跟我们唠叨，他在国外的子女好久没回来看过他了，我和小柯当即决定以后有空了就去看望他。"

爸妈送给楠楠的话

孩子，你已经长大了，应该试着慢慢地接触社会、了解社会。但在平时的学习生活中，你不是在学校就是在家里，根本就没有机会接触社会。既然举办了这样的社会实践活动，那么爸妈是鼓励你参加的。通过社会实践活动，你可以了解社会的各个方面，诸如与人打交道的方式、老人的生活等社会百态，这对于丰富你的人生经历是大有帮助的。你很快就将参加高考，进入大学之后，你就相当于半个社会人了，在此之前，你应该为进入社会做好准备。

爸妈给楠楠的建议

学校经常会组织一些社会实践活动，目的是丰富学生的假期生活，平时，学生们除了在家里就是学校，很少有机会接触社会、了解社会。可能有的家长会怕孩子吃苦，不想让他们参加实践活动。爸妈可不会这样做，既然开办了这样的实践活动，我们就希望你参加，借此机会锻炼一下你自己。

1.通过社会实践活动，增强你的自信心

平时的学习生活中，你接触最多的不过是爸妈、老师和同学。但如果你参加了社会实践活动，就可以认识更多的新朋友，认识很多跟你不同的人，并在聊天中了解他们的生活。通过各种活动，你的自信心将大大增强。

2.放松你的心情

青春期的心理和生理都处在急剧变化的过程中,许多孩子由于缺乏与外界必要的沟通,内心形成了一个相对封闭的个人世界。在这样的情况下,应该利用假期组织的社会实践活动,让孩子走出校园,走出家门,走向社会。在社会实践活动中,孩子们自主策划、完成活动,可以让孩子从相对封闭走向豁然开朗的人际环境。

3.培养你的社会责任感

社会实践活动本身就是一个公益活动,把公益理念贯穿到整个活动中。社会实践这种有趣、活泼的形式,能更有效地提升孩子们的社会责任感。

打暑期工是对男孩很好的锻炼

> **青春期男孩的困惑：我也需要打工吗?**

高考结束后，同学们都在商量着去哪里玩，有的去旅游，有的去乡下体验生活。朋友小柯也问："楠楠，你这个假期有什么安排吗？"楠楠回答说："我没什么安排，就是在家里等成绩吧。你呢，有什么打算？"小柯回答说："我以前不是一直跟你说我想要一辆摩托车吗？""是啊，可你现在有钱买吗？"楠楠问道。小柯有些兴奋地回答："很快就有了，我决定这个假期去打工，可以挣点儿钱，也算是找个事情做。"楠楠眼睛一亮："这个主意不错，我这个假期也正好没什么安排，我也想去打工，咱们一起吧。""好啊。"小柯答应了下来。

回到家，楠楠向爸妈说了自己的想法，爸爸当即赞成："挺好的，打打工，不要在意挣了多少钱，重在体验生活。"妈妈有些担心："可是，你年纪还很小，万一遇到坏人怎么办？再说，打工很辛苦，妈妈担心你做不来。"楠楠反过来安慰妈妈，说道："妈妈，没事，我和小柯一起，彼此有一个照应，而且小柯所找的工作是他舅舅的餐馆，安全问题你就不用操心了。至于辛苦嘛，虽然我在家里什么都没干过，但我会试着去认真干活的，我也想独立地生活一段时间。"见儿子说得头头是道，妈妈也不再说什么了。

楠楠的打工生涯正式开始了，早上六点就必须起床，买菜、搬东西，然后餐厅开始正常营业。中午的时候，楠楠可以午休一小时，一直到晚上九点才下班。刚开始一个星期，楠楠和小柯基本是晚上倒头就睡，第二天早上起来浑身疼，两人都想过要放弃，但彼此又互相鼓励着坚持下去。等到一个月快结束的时候，爸妈发现楠楠瘦了一大圈，晒得黑黑的，不过，无论是眉眼还是谈吐，楠楠看上去都成熟了。楠楠数着手里的钞票，有一种很深刻的感悟，原来挣钱这么不容易，以前不知道钱来得不容易，总是大手大脚，看来自己今后要节约了。他还想好了，自己第一个月的工资全部用来给爸妈买礼物。

爸妈送给楠楠的话

孩子，当你告诉爸妈自己想利用假期去打工的时候，爸妈有些吃惊，本来我们的家庭条件并不差，不需要你出去挣钱。另外，妈妈很心疼你，不想让你太累。但是，后来我们认真商量过了，觉得这是一个接触社会的好机会。现在你已经高中毕业，即将升入大学，对你来说，在这一时期，需要更多地体验社会、熟悉社会，为今后进入社会做准备。不仅如此，像你这样的青少年打工，目的并不是为了挣钱，而是为了锻炼自己、体验生活。这无疑算是人生经历中最充实的一课。所以，对于你打工的请求，爸妈答应你了。其实，就算你不主动说想去打工，我们也会建议你在大学期间做做兼职，借机体验生活。

爸妈给楠楠的建议

在许多国家，都有青少年打工的现象。大多数人会认为学生应该把所有的时间花在学业上，把学业当成自己的"工作"。但是学习和生活搭配均衡，对青少年的成长是最好的，而丰富充实的业余生活就包括打工。这是因为只重视学业可能会使你错过其他珍贵的学习经验，而打工除了能丰富你业余生活，还可以拓展你的经验。在打工的过程中，你可以认识各行各业的人，还会面临许多不同的问题。总而言之，打工对于青少年无疑是益处多多。

1.通过打工，可以锻炼你自己

青少年可以通过打工来达到锻炼自己的目的，现在，许多孩子整天学习，一味地固守书本，不去参加实践，对于孩子是只有弊而无利。而打工则可以很好地发挥自己的长处，比如，许多优秀学生在课后给低年级的学生补课，在打工的同时，还巩固了自己的知识。如此看来，通过打工，孩子不仅可以实现自我价值，而且可以增强自己的沟通能力。

2.通过打工，可以体会到生活的艰辛

现代社会，不少孩子不懂得生活的艰辛，也不明白家长挣钱的辛苦。爸妈同意你打工，有一个重要的原因就是让你知道爸妈赚钱的不容易。同时希望你们能改变花钱大手大脚的坏习惯。

3.小心上当受骗

当然，像你这样的年纪出去打工，爸妈很担心你上当受骗，我们经常在电视或报纸上看到，有学生外出打工惨遭不法之徒伤害。你们涉世未深，对社会的认知程度低，对陌生人毫无戒备之心，有可能到最后连被骗都不知道。所以，如果你有打工的想法，一定要选择熟悉的老板或者信任的朋友介绍的地方，不要一个人出去找工作，否则很容易被骗。有什么事情一定要和爸妈商量，不能一个人做主。

做一个身心都足够独立的男孩

> **青春期男孩的困惑：自己怎样学会独立地生活？**

高三下学期是高考冲刺的最后阶段，一直住在家里的楠楠也成了住校生，刚开始得到这个消息的时候，他还很兴奋，觉得自己终于就要过期待已久的住宿生活了。可是回到家里，吃着妈妈煮的饭菜，和爸爸开心地聊天，睡在暖和的床上，楠楠突然有一种深深的依恋，好舍不得离开这个家。看着有些失落的楠楠，爸爸安慰道："你放假了还是可以回家来嘛，没什么舍不得，学校离家这么近，再说，你在家住了18年，是应该体验一下在学校里的生活了。"楠楠点点头，没说话。

住宿生活正式开始了，楠楠才觉得自己真的很不习惯。睡在学校里的第一晚，楠楠觉得床板太硬，弄得自己全身疼痛；床太窄，翻个身就快要掉下床了；同寝室的同学竟然有打呼噜的习惯，搞得楠楠一晚上没睡着。第二天早上起来，楠楠还是睡眼惺忪，找不到东南西北。结果，课上根本听不进去老师在讲什么。以前的时候，楠楠偶尔会在学校里吃饭，那时他觉得学校里的伙食还不错，可真正让自己天天吃这个，他觉得有些吃不消，哪里比得上家里妈妈做的饭菜啊。在学校住了不到一个星期，楠楠就打电话向妈妈求救。妈妈只好安慰："孩子，坚持坚持，很快就过去了。"

周六，楠楠抽出一下午回了趟家，爸妈都在家。楠楠一个劲儿地抱怨学校的住宿条件太差、伙食太差，弄得自己没心思考试。刚开始楠楠抱怨的时候，爸爸只是微笑着看着他，说到后面，爸爸脸色变得有些难看。等楠楠说完了，爸爸说道："楠楠，不是爸爸说你，你总是抱怨学校，但是为什么你的同学们住在学校就挺好的？其实，主要原因就是你对我们的依赖性太强，你一直住在家里，而家里给你提供的条件太好，以至于你到了学校不太适应，这一阶段你有这样的想法是正常的。但爸爸希望你能独立起来，尽快适应新的环境，这样你才会更加自信起来。如果你总是这样抱怨，没心思学习，那你以后怎么办？难道你一辈子不离开家吗？"楠楠沉默了，他开始仔细反思自己的感受和想法。

爸妈送给楠楠的话

孩子，你的心理开始逐渐成熟，但还有一点是永远改变不了的：你在爸妈心中永远是一个孩子。或许就是这样的原因，即使你的个头比妈妈都高了，但有时候还是像没长大。比如，突然离开家庭，成为学校的住宿生，你会觉得浑身不自在，很想念爸爸妈妈。孩子，你们这一代从小就被保护得很好，生活在条件优越的家庭里，爸妈总是呵护着你，怕你冷了，怕你热了，怕你累了，怕你苦了，结果忽视了你的独立性。就算家里再好，总有一天你也会离开家，因为外面有更好的未来在等着你。所以，孩子，学会独立，只有独立的男孩才会更自信。

爸妈给楠楠的建议

青春期的男孩处在生理、心理迅速发展的年龄阶段，在你们身上，有"半儿童、半成人""半幼稚、半成熟"的特点。这一时期，你们心里有诸多矛盾，一方面你们极力渴望脱离爸妈，寻求自由独立的生活；但另一方面，你们在真正寻求独立生活的时候，往往又表现出依赖家庭和爸妈的现象。

1.你们尚未真正独立

青春期男孩具有强烈的自主意识,由于身体发育迅速,个头蹿得很高,第二性特征出现,你们明显感觉到自己已经长大成人,渴望加入大人的行列。在很多时候,你们要求摆脱成人的监护,独立去做一些事情。其实,你们并未真正成熟,做事也并不能让人放心,还缺乏自我监督的能力。有些心理学家将这一时期比喻为"心理性断乳"时期,也就是青少年想离开双亲的保护,寻求个人自立的过程。

2.你要学会独立地生活

在青春期这一阶段,你要学会独立地生活,因为青春期过去,你就将成为一名真正的男子汉。独立生活体现在很多方面:你要相信自己能够独立,善于发现自己在生活中的能力,你可以制定一些小的目标,让自己在一个个的成功中体验快乐,进而增强自信心;独立的行为来自独立的思想,当你的想法与爸妈不同的时候,不要急于否定自己的想法,而是试着向爸妈表达自己的见解;某些时候,你需要自己作出选择,诸如参加某项活动、升学报考,等等。

找到好的人生榜样

青春期男孩的困惑：谁是我的偶像？

在班会课上，班主任对全班进行了一次匿名式的问卷调查，在问卷中有这样一项传统的题目："请你写出最崇拜的对象姓名，限定一位。"楠楠看到这个题目，毫不犹豫地写下了"刘德华"这三个字，虽说刘德华并不年轻了，但楠楠就是喜欢他的成熟，喜欢听他的歌。问卷调查结束之后，班主任当即就"请你写出最崇拜的对象姓名，限定一位"这一问题展开讨论，他将同学们写出的名字写在黑板上。一时之间，只见黑板上出现了"刘德华""张学友""张国荣"，等等，全班45名同学，竟然罗列出了35位崇拜人物的姓名。看着黑板上出现的明星名字，下面的同学脸红了。

班主任开始讲话了："同学们，我们全班学生没有一个人写科学家、作家。"停顿了一会儿，班主任说道："同学们，他们是偶像明星，但并不意味着他们就是你们崇拜的偶像。偶像的身上应该有值得你们学习的地方。"班主任又说："什么是崇拜？什么是偶像？我想我们每个人都应该把这个问题搞清楚了，偶像值得崇拜的原因在于他为社会、为人类、为世界作出了杰出的贡献，在他身上有值得我们欣赏的高贵品质……"

爸妈送给楠楠的话

爸妈记得你刚上初中的时候十分痴迷明星。当时爸妈并没有怎么在意，觉得中学生追星算是情理所在，只要你长大了一点儿，过了那个年龄，自然就不会再痴迷明星了。爸妈经历过你这个年纪，也追过星，你喜欢的刘德华爸爸也喜欢。但是，崇拜的偶像一定要是闪耀着光芒的人，伟大人物身上的光芒是自然而然散发出来的。在他们身上，有许多可贵的品质，更为重要的是，他们为社会、为国家、为人类作出了杰出的贡献。孩子，你应该树立起正确的偶像观，这样才能树立正确的价值观。

爸妈给楠楠的建议

青春期的孩子正处于发育期，性格还没有定型，心理还没有成熟。你们判断好坏的意识还比较模糊，分辨是非的能力还不能强。因此，你们在价值观的形成上很容易受到外界的诱惑，在树立人生观时很容易受到社会的左右。在你们这个年龄上所体现出来的特点是"模仿多于自觉，从众多于主见"。

1. "明星"给你们带来的负面影响

现代社会，在经济飞速发展的同时，人们的价值观念也日趋多元化。明星的举手投足都是新闻，他们的生活细节被无限放大。这些让你们失去了判断力，而真正为社会进步、为人类美好生活作出贡献的伟大人物却都被你们抛到了脑后。

生活需要娱乐，但并不是以娱乐为主，明星的作用也在于给我们带来娱乐，缺少了他们，我们还是一样的生活。脱下了光鲜亮丽的装扮，他们也一样是普通人。所以，不要迷恋明星，你应该树立新的榜样。

2. 找回崇高的理想

一直以来，中华民族的传统中，就是把那些威武不能屈、富贵不能淫的人当崇拜的偶像，就是把那些为国立功、为民请命、为社会作贡献的人当偶像。古有为国家谋福利，无论得失的屈原，今有在战场上牺牲、捍卫了这个民族血脉的抗日卫国英雄张自忠；古有刚直不阿、执法如山的包拯，今有在平凡岗位上默默为学生奉献的张桂梅……这些闪光的名字犹如一颗颗璀璨的明星，在中华大地上熠熠生辉。他们能真正成为你崇拜的偶像；他们能帮助你重新树立正确的人生观和价值观。

第 12 章
真正的男子汉，内心坚韧、行事果断

一个人的品格，影响着他的一生。青春期，对于每一个男生形成良好的品质，是非常重要的。在这一敏感时期，可能你情绪有点儿暴躁、有点儿小小的虚荣心、做事情三心二意、有点儿武断、花钱大手大脚、做事情没规划，这些看似是小毛病，却会影响到你成年以后的品质与形象。这是因为，品格魅力从来都是应具备的品性。

学会制订计划，凡事按计划行事

青春期男孩的困惑：为什么自己总像无头苍蝇一样？

转眼到了高三下学期，班里同学都在积极筹备高考，为了能够更快地补充知识，许多同学都参加了培训班。楠楠觉得很迷茫，一方面他觉得没有必要参加培训班；但另一方面他又觉得，如果自己不参加培训班，就会落后于同学。就这样，他一直也没做好决定。爸爸关心地询问："楠楠，你准备参加培训班吗？"楠楠先是摇摇头，后又点点头。爸爸很无奈："你这是什么意思啊？你到底是参加还是不参加啊。你为自己定目标了吗？""什么目标？考一所大学？"楠楠反问道。爸爸有些忧心："你这样的状况我真是担心，你都高三下学期了，怎么还是一点儿目标都没有，也没有什么规划。"楠楠安慰道："我知道了，我会尽快树立目标，规划自己的将来。"

这次谈话过了一阵子，爸爸又找到楠楠说："你定好目标了吗？爸爸帮你参考参考。"楠楠一副很懊恼的样子，说："我还没想好呢。""好吧，爸爸帮你。"爸爸表示很无奈，他说："那么，你告诉我，你喜欢做什么工作，喜欢哪个专业？"楠楠回答说："我将来很想做一个工程师，我最喜欢的当然是数学了。"爸爸继续说道："那么，你的目标大学需要以你的兴趣和爱好来选择，这样的话，你应该选择工程类的学校，你可以在网上搜索一下哪所大学的工程专业比较好，再查看这个学校近几年的录取分数，再结合自己的成绩，这样的话，你所选择的目标应该是可以达到的。"听了爸爸的话，楠楠来精神了，他突然觉得自己读书这么多年，好像终于有一个清晰的目标了。

爸爸又说："你先别着急，这样定下来的目标可能与你自身水平是有差距的，要怎么样做才能达到这个目标呢？如果从现在开始，你每天都这样无所事事，那么，即使你本身底子好也难以成功。你应该想想，高考科目有哪些，哪些科目是自己薄弱的，哪些科目是自己的强项。针对自己擅长的科目，多做练习，保持并提高水平；针对自己不太擅长的科目，更应该投入大量的精力，以此提升各科的成绩。爸爸现在对你说的，就是为了达到目标所做的规划，你现在明白了吗？做任何一件事情，都要有目标和规划。"

爸妈送给楠楠的话

许多青春期男孩都有这样的情况，做事只图一时兴起，仅凭一时的痛快，盲目行动，毫无目标。最后往往由于未能做好充分的准备工作，又无目标可言，事情以失败告终。而且，无规划无目标的做法会让事情的发展脱离自己的掌控范围，甚至在这个过程中还会出现一些意外的事情，最后事情发展到哪里、怎样发展，都是自己意料不到的。其实，做任何事情都需要有目标、有规划，这样可以确保事情的顺利进行。另外，好的目标、好的规划会对事情突然的变故起到预测作用，以防不时之需。在很多时候，你所做的事情并不如想象中那么顺利，它并没有在自己的掌控之中，而且你自己连所希望达到的目标都不清楚，事情又该如何进行下去呢？大量事实证明，有清晰的目标，有较为详细的规划，整件事情就成功了一半。

爸妈给楠楠的建议

做一件事情需要有目标，因为目标是你的方向，没有了目标，你就失去了前进的方向，你不知道应该把这件事做到哪里。然而，在你心中有了既定目标之后，还需要有一定的规划，这所有的规划都是为达到目标而设定的，"规划"的作用在于更好促使这件事的完成，达到你想要的目标。

1.给自己设定清晰的目标

目标就好像前进路上的灯塔，指引着你往哪里走，而且更多的是给你一种强劲的信念。有了目标，你才知道自己所做的一切到底是为了什么。目标还会给你一种向前奋进的动力，在前行的途中即使遇到了困难，但一想到自己设定的目标，你就会咬牙坚持。所谓"事在人为"，说的就是这个道理，只要你敢于想，敢于为自己设定目标，就一定能达成。许多人总是觉得自己不能干大事，其实就是因为在没有任何目标的情况下就先否定了自己。

当然，你的目标应该是清晰的，越清晰的目标越容易达成。许多孩子总是抱着不切实际的目标或者仅设定一个模糊的目标，最后连自己都搞不清楚目标到底是什么。如对于高中生来说，清晰的目标包括具体考哪所大学，选择哪个专业。

2.有规划，才有准备；有准备，才会成功

没有规划的人生，就像是没有线的风筝，飘飘荡荡，自己也不知道将要去哪里；没有规划的人生，也像是没有根的浮萍，漂浮在水面，没有最终的归宿。实际上，你学会了规划事情，就等于在锻炼自主能力，今天你或许只是做了一件有规划、很靠谱的事情，但明天你就有可能会为你的人生规划了。

孩子，要记住，永远做一个有准备的人，因为成功只光顾那些有准备的人。当你开始做一件事情，就应该想到这件事所带来的后果以及准备工作。做任何事情都要有长期的规划，并围绕这个规划持之以恒地去努力、去学习，在事情出现变化的时候顺利转变自己，灵活应对一切。所以，要想成功，就要永远做一个有准备的人。

做坚强的男孩，不被情绪左右

💬 **青春期男孩的困惑：为什么我总是容易发脾气？**

今天要进行期末考试了。楠楠很早就起床了，拿着英语书在阳台上大声朗读。楠楠的英语成绩一直处于劣势，每次总是拖总成绩的后腿，他心里很想把英语考好，但又担心自己没复习好。所以即使读着英语，心里也是焦躁不安。做早餐的妈妈看见楠楠这么用功，心里很高兴，夸奖道："你对英语这么上心，这次应该能考好的。"谁不想考好啊，心里正烦着呢，楠楠没有吱声。妈妈以为他没听见，特意走出厨房，问道："早餐做好了，赶快来吃吧，吃好了，早点儿去学校复习。""嗯。"楠楠鼻子里发出声音，也不理妈妈，直接拿着英语书进了房间。这孩子，最近脾气总是这样差，走在后面的妈妈很疑惑。

到了学校，楠楠一边拿出考试所需要的东西，一边趁着最后的时间记英语单词。楠楠眼睛紧紧地盯着英语书，也没注意到同桌小胖在弄墨水，突然楠楠一个转身，不小心碰到了墨水瓶子，墨水正好泼到了楠楠的衣服上。顿时，楠楠心中压抑的火气爆发了，他大声责问："你怎么搞的？没有看到我在看书吗？马上就考试了，你还给我惹出这样的事情来。"小胖笑嘻嘻地说："那么紧张干吗，又不是洗不干净，放学你把衣服脱给我，我回家让妈妈给你洗干净，要是洗不干净，我赔你一件新的。"楠楠狠狠地瞪了一眼小胖，怒气冲冲地去了卫生间，他打算用清水洗洗那墨迹，可没想到却是越洗越黑。就在这时，考试开始的铃声响了，楠楠赶紧回到教室，拿着考试工具走进考场，坐在位置上，他很想静下心来，但看到衣服上的墨迹，他就一肚子火。结果整个考试过程中，他一直都哭丧着脸。

下午回到家，妈妈好心问："今天考试怎么样？"楠楠正愁火气没处发，没好气地回答说："还能怎么样，就那样呗。"一旁的爸爸温和地说道："楠楠，你怎么跟妈妈说话呢？她是关心你的考试，你却向她发脾气。你呀，要学会控制自己的情绪。"

💬 爸妈送给楠楠的话

转眼之间，你越来越高大，个子快赶上你爸爸了，不过与此相应，你也越来越渴望拥有自己的自由空间。也正因如此，你们在青春期的情绪变得难以捉摸，不再是爸妈整天呵护的小孩子，有了自己的想法，有了自己的烦恼。生理上的变化、心理上的成长，都不可避免地成了你们情绪躁动不安的原因。于是，不管是在学校还是家里，只要稍有不顺心的事情，你就像一个点燃的火药桶，脾气坏得不得了。爸妈理解你在这一时期的心理，很多时候即使你冲着爸妈发火，爸妈也不计较什么。但总是这样发脾气，对你自己和身边的人都是不好的。如果你想成为一个更坚韧的男子汉，就应该学会管理自己的情绪，控制情绪，学做情绪的小主人，而不是被自己的不良情绪拖累。

💬 爸妈给楠楠的建议

在青春期，你们的身体迅速发育，使你们的体内积蓄了大量的能量，很容易兴奋过度，造成情绪上的不平衡。同时，你们的神经系统还没有完全发育成熟，不能很好地控制和调节自己的情绪。在这样的状况下，如果生活中再出现一点点事情，你们就很容易变得焦躁，从而产生不良的情绪。一旦坏脾气爆发，如果不能及时排解，就会引发一系列身心疾病，最终将影响到你们的身心健康。

1.坏情绪产生的原因

青春期的男孩正处于升学阶段，往往会因为考试失利而出现情绪低落、焦虑失眠、惆怅郁闷的心理状态。另外，你们也处于叛逆的时期，内心渴望独立，但由于爸妈还没来得及转换自己的角色，时时惦记着你们，使你们内心产生一些反叛情绪。本来青春期孩子的心理就很敏感，再加上爸妈的不理解，老师难接近，同学不好相处，种种原因形成的负面情绪掌控着你们，以至于你们经常发脾气，同时也搞得身边的家人和同学很不愉快。

2.如何控制自己的情绪

青春期男孩应该增强自制能力，用理智控制情绪，你可以通过自我暗示，控制不良情绪的产生。当你与同学起了冲突，恶语伤人，甚至想出手打人的时候，不妨反复告诫自己："不要生气，要冷静。"这样可以遏制自己的冲动情绪，避免不良后果的发生。面对考试时的紧张和焦虑不安，你可以反复提醒自己："沉住气，不要紧张，相信自己一定行。"这样，你紧张的情绪就可以松懈下来了。

另外，你也可以选择一个人独处，尝试着与自己的情绪对话，学会接纳自己的情绪，并及时改变自己的想法；你也可以向父母或朋友倾诉内心的烦闷，发泄出不良的情绪。如果这样做还是无法排解内心的郁闷和焦躁，你还可以寻求心理医生的帮助。

行事果断，犹疑不决会让你错失良机

💬 **青春期男孩的困惑：做个决定为何这么难？**

一直以来，楠楠都是一个做决定很难的孩子，越到重要关头，他越容易陷入优柔寡断的矛盾之中。上周末，楠楠和爸爸一起去吃饭，在快餐店里，楠楠面对着各种菜式，他一直犹豫不决。爸爸不停地问："吃什么？快点儿点餐，不然一会儿卖完了。""马上。"楠楠只回答了两个字，但过了半天，他还是没说自己想吃什么，后面的人都很不耐烦了，催促道："拜托，请您快点好吗？我们吃了饭还得赶着去上班。"爸爸又催促："楠楠，到底吃什么，快点儿说。"楠楠终于说了："红烧肉。"没想到，快餐店服务员很抱歉地说："不好意思，红烧肉套餐刚卖完，你可以再选选其他的。""啊？"楠楠没料到自己好不容易选择出来的菜式竟然卖完了，沮丧之下只好随便选了一道菜。

吃饭的时候，楠楠一直抱怨："这菜真难吃，这米饭太硬了，汤也好像变了味。"爸爸一边吃饭，一边回答说："楠楠，爸爸觉得还是在于你的心情，因为你刚才花了很长做决定吃什么菜，结果菜卖完了，你随意选择了一个菜，到现在，你的心情依然是沮丧的。"楠楠抬头问道："你怎么知道？"爸爸解释说："我还不了解你吗？你就是这样优柔寡断的个性，小小的决定就要考虑很久，总是下不了决心，结果总是不能得到自己想要的。你知道项羽是怎么失败的吗？"楠楠摇摇头。爸爸继续说："你应该学过'鸿门宴'吧，在

'鸿门宴'里，项羽明明有机会杀刘邦，但他却一直犹豫不决，正在他犹豫的时候，刘邦意识到自己的危险，赶紧找个借口离开了，结果无疑放虎归山，最后项羽自刎乌江。"

楠楠恍然大悟，他说："爸爸，你的意思是，有优柔寡断个性的人，是成不了大事的？"爸爸回答说："这当然不是绝对的。不过，优柔寡断的个性会阻碍你成功。因为机会来临的时候，你却陷入了选择困难，不能果断下决定。你知道，机会稍纵即逝，它是从来不等人的，如果你未能把握住机会，那么机会就会因为你优柔寡断的个性而溜走。"楠楠点点头："其实，我早就意识到了我的这个缺点，有时候做作业，我都会磨蹭上一会儿再写，做事不够果断。可是，我要怎样才能做到果断地做决定呢？"

💬 爸妈送给楠楠的话

优柔寡断的人往往会陷入选择的困难中，他们总是考虑，到底是选这个呢，还是选那个？到底是做呢，还是不做？结果犹豫的时间太久，白白浪费了大好的机会。孩子，对于你这个年龄阶段，这样的个性也会处处影响你的生活：比如，早上你会因为考虑到底穿哪件衣服而浪费半小时；在做题的时候，你会考虑用哪种方法解题而犹豫十几分钟，试想，如果是在参加考试，你的损失该有多大？在选择面前，你常常会犹豫半天，最后在时间紧迫下随意抛出一个决定，却得不到自己想要的结果。从方方面面来说，优柔寡断的个性都是极为不好的，它会影响你的学习和生活，让你错失许多良机，阻碍你成功的脚步。所以，爸妈建议你，切勿优柔寡断，要学会果断行事，这样你才能成为真正的男子汉。

💬 爸妈给楠楠的建议

古往今来，多少豪杰壮士因优柔寡断丢了性命，甚至丢了江山。他们都是在做决定的那一刹那犹豫不决，结果机会被别人拾得，他们也就只能沦为失败者。作为一个男孩，如此懦弱的性格是不适当的，男孩做事就应该果断坚决，心里有什么想法就去做，自己觉得对的就坚持下去，而不是反复考虑其他问题，否则无疑会增加你做决定的难度。长此以往，你优柔寡断的个性将越来越严重，这样下去对你的学习、生活都是不利的。每次做决定都犹豫不决，结果选择了一个自己不想要的结果，于是心里郁郁寡欢，如此恶性循环，你只会纠结于矛盾的痛苦中，无法自拔。

1.做决定要果断

自己做决定的时候一定要果断，即使后来发现这个决定是错误的，也没关系。毕竟你们的年纪还小，即使选择错了还可以重新来一次，更重要的是培养自己果断做决定的习惯。

2.三思而后行

做决定要果断，并不意味着你在做决定的时候什么都不想，这是鲁莽的做法。在做决定的时候，你还需要考虑这样做的后果是什么。如果在你面前有两个选择，你则要对比选择了这个会怎么样，选择了那个会怎么样，如此权衡利弊，你心中自然会有答案。

虚心使人进步，虚荣让人堕落

💬 **青春期男孩的困惑：都是"虚荣"惹的祸**

一大早，班里一大群男生聚在一起讨论"名牌"，小胖说："我觉得适合咱们穿的还是商场里的名牌，他们的衣服就最有范儿。""那当然了，一套名牌运动服少说也是七八百。"小柯说道。刚到教室的郑洁飞大声说："切，你们啊，都是追什么名牌，我倒觉得，只要穿着舒服，什么样的衣服我都穿。"小胖哈哈大笑。坐在一旁的楠楠没吱声，因为他自己身上穿的还是去年的秋装，他觉得自己没什么好说的。

晚上吃饭的时候，楠楠问爸爸："你对名牌是怎么看的？"爸爸放下了碗筷，说道："儿子，衣服只要是干净的，穿在身上合适就行了，没有必要去计较名牌不名牌，穿名牌的人又没有比你多什么。咱买衣服，名牌的能穿，不是名牌的照样穿，做任何事情都是一样，不要有攀比的心理，也不要太虚荣了。做人要脚踏实地，这样才会走得更远。"

💬 **爸妈送给楠楠的话**

随着年龄的增长，心理上的成熟，许多青春期男孩意识到了"金钱"的重要性。除了平时学习，他们始终满足于"钱"带来的虚荣感。

爸妈记得你在小学的时候，就曾回家跟我们说："爸爸，班里同学的爸爸都开上了轿车，咱们家什么时候才有啊。"同学们家里有的东西，自己也想有，这就是虚荣心在作祟。那些东西不是能填饱肚子的食物，而是外在的物质表现。诸如名牌服饰、轿车、最新电子产品、最新款手机，等等。总而言之，只要你们能比较的东西，几乎可以统统拿来比。出现这种行为，虚荣心是罪魁祸首，它会促使你去干一些不正确的事情，使你形成错误的价值观和人生观。只要吃得饱，穿得暖，其余的身外之物，你还去比较什么呢？好好学习才是你们的任务，将来，那些受欢迎的不是贪慕虚荣的人，而是有学识的人。丢掉自己的虚荣心吧，这样你才会心无旁骛地投入学习，也才会更成功。

爸妈给楠楠的建议

许多男孩都希望能在同学们面前炫耀自己某方面的出色，看着别人那羡慕、嫉妒的目光，自己的虚荣心就得到了满足。这样的心理爸妈能理解，当然，虚荣心并不一定都是错误的，但如果你做任何事情、说任何话，都是为了满足自己的虚荣心，甚至为了在人前风光，不惜虚构自己显赫的家庭背景，这样的虚荣就有点儿可怕了，不得不引起重视。

青春期是一个人品质形成的重要时期，小小年纪就形成了难以满足的虚荣心，成年之后为了虚荣而活，这样一来你将活得更累。所以，作为青春期的男孩，摒弃虚荣心理，学会脚踏实地生活，这样才会更容易获得成功。

1.青春期男孩的虚荣心

虚荣心是指过分爱面子、贪图追求表面光彩的不良心理，是思想作风不扎实、心理素质不健康的直接表现。有的男孩总是在同学们面前炫耀自己在物质生活上的富足，一味地赶时髦，讲究吃、讲究穿、讲究用，甚至很多时候还不顾家里的经济情况，盲目地与同学攀比，追求名牌。这样的行为就是虚荣心在作怪。孩子，如果你觉得自己也有这方面的倾向，就需要及时地反省自己，克制自己的虚荣心，脚踏实地做人。

2.如何丢掉虚荣心

孩子，你应该树立正确的荣誉观，以激励自己不断进取，不断奋发向上。同学们吃大餐、穿名牌、坐名车并不值得你羡慕、嫉妒，因为这并非荣誉，学习成绩优异、人格完善才是荣誉。不仅如此，平时生活中要学会脚踏实地做人，凡事不能虚伪，要讲究实事求是，不要为了获得某种东西就胡编乱造，这样的孩子，人们是不会喜欢的，也注定不会有大的作为。

参考文献

[1]李震.青春期男孩成长手册[M].北京：航空工业出版社，2021.

[2]睿雪.男孩的成长：养育青春期男孩的秘密[M].南京：江苏凤凰美术出版社，2019.

[3]峣帝.父母送给男孩的枕边书[M].北京：中国纺织出版社，2016.

[4]汤普森，巴克.男孩的养育书[M].卢春明，译.南京：江苏凤凰科学技术出版社，2019.